UMBANDA
e suas práticas contemporâneas

CIP-BRASIL. CATALOGAÇÃO NA PUBLICAÇÃO
SINDICATO NACIONAL DOS EDITORES DE LIVROS, RJ

O89r   Ortiz, Carmem
           Umbanda e suas práticas contemporâneas / Carmem Ortiz, Marino Ortiz (in memoriam). – 1. ed. – Porto Alegre [RS] : AGE, 2022.
           118 p. ; 14x21 cm.

           ISBN 978-65-5863-099-9
           ISBN E-BOOK 978-65-5863-100-2

           1. Umbanda – História – Porto Alegre (RS). I. Ortiz, Marino. II. Título.

21-74751   CDD: 299.672
                                CDU: 259.4

Meri Gleice Rodrigues de Souza – Bibliotecária – CRB-7/6439

MARINO ORTIZ
CARMEM ORTIZ

UMBANDA

e suas práticas contemporâneas

EDITORA AGE

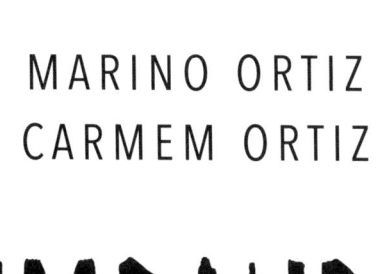

PORTO ALEGRE, 2022

© Marino Ortiz e Carmem Ortiz, 2022

Ilustração da capa:
BRUNO ORTIZ

Colaboradores:
MARINA R. ORTIZ, J. FERNANDO ORTIZ E ANDRÉ ORTIZ BERNER

Diagramação:
NATHALIA REAL

Supervisão editorial:
PAULO FLÁVIO LEDUR

Editoração eletrônica:
LEDUR SERVIÇOS EDITORIAIS LTDA.

Reservados todos os direitos de publicação à
LEDUR SERVIÇOS EDITORIAIS LTDA.
editoraage@editoraage.com.br
Rua Valparaíso, 285 – Bairro Jardim Botânico
90690-300 – Porto Alegre, RS, Brasil
Fone: (51) 3223-9385 | Whats: (51) 99151-0311
vendas@editoraage.com.br
www.editoraage.com.br

Impresso no Brasil / Printed in Brazil

AGRADECIMENTOS

Agradeço em primeiro lugar a Deus, por me oferecer esta oportunidade: a de agradecer a Mãe Gessy, a Mãe Eloí, a Andreia, a Mãe Ada, ao meu filho Bruno, ao meu sobrinho André e a todos que direta ou indiretamente me ajudaram a concluir a construção deste breve legado, que é uma missão deixada por meu querido e saudoso irmão Marino Ortiz, quem idealizou e executou este conjunto de saberes, a presente obra.

Carmem Ortiz

INTRODUÇÃO

A ideia desta obra nasceu do desejo de homenagear a Cacique do Centro Espírita de Umbanda e Religião Africana Pai Peri e Pai Oxalá, conhecida como Mãe Gessy, já que seu centro de Umbanda tem mais de 50 anos e sua vida religiosa mais de 60 anos.

Apesar de possuir registros históricos, em especial no que diz respeito aos centros de Umbanda e seus praticantes, percebe-se um grande número de escritos sobre a religião; pensamos, então, buscar bases fundamentadas. E acredita-se não existirem pessoas mais apropriadas para tal que os Caciques de Umbanda, que, porventura, ainda possam estar nesta esfera.

Conclui-se a partir da ótica desses soberanos espirituais, porém, que haveria matéria para vários volumes, e isso poderia também confundir muito mais do que esclarecer; a solução, então, foi trazer à tona apenas o depoimento de alguns Caciques da contemporaneidade na religião Umbandista na cidade de Porto Alegre.

Os relatos de mãe Gessy do Cacique Peri, de mãe Eloí de Mãe Benedita, de Andrea do Centro Espírita de Umbanda Sagrado Coração de Jesus, e de pai Marino de Ogum Beira-Mar, ocorreu a partir de entrevistas, e aparecerão para dar ao leitor um embasamento do fundamento religioso tratado ao longo da obra.

Posteriormente, evidenciou-se que este trabalho pode trazer à tona mais uma possibilidade de interpretação da comunidade Umbandista, bem como ser mais uma fonte de conhecimento da religião para esta comunidade e interessados no assunto, na medida em que estaremos colaborando, através desta obra, em manter vivo o registro e a prática da religião.

HINO DA UMBANDA

Autor: J. M. ALVES

Refletiu a luz divina
com todo o seu esplendor
É do Reino de Oxalá
Onde há paz e amor
Luz que refletiu na terra
Luz que refletiu no mar
Luz que veio de Aruanda
Para tudo iluminar
Umbanda é paz e amor
Um mundo cheio de luz
É a força que nos anima
E a grandeza nos conduz.
Avante filhos de fé,
Como a nossa lei não há,
Levando ao mundo inteiro
A bandeira de Oxalá!

SUMÁRIO

Umbanda 13
Industrialização, sociedade brasileira e formação
da Umbanda 23
Características e práticas da Umbanda 27
Mãe Gessy: Centro Espírita de Umbanda e Religião
Africana Pai Peri e Pai Oxalá 31
Mãe Eloí: Centro Espírita São Jorge e Fraternidade
Xangô Caô 49
Andreia: Centro Espírita de Umbanda Sagrado
Coração de Jesus 69
Pai Marino: Centro Espírita de Umbanda e Religião
Afro-brasileira Pai Ogum Beira-Mar, Caboclo Aimoré
e Pai Xapanã 93
Glossário 115
Bibliografia 117

UMBANDA

A presente obra não tem a pretensão de conceituar ou dar definição para a religião conhecida como Umbanda.

Religião esta que foi fundamentada por elementos da cultura indígena brasileira, da cultura africana e espírita, tendo ainda influência do catolicismo, conforme veremos no decorrer da obra.

A Umbanda é uma religião brasileira, de origem africana, mas que opõe-se às religiões de importação: catolicismo, protestantismo e kardecismo. Além disso, a Umbanda é uma religião que pode ser considerada recente em nosso Estado, conforme Ari P. Oro.[1]

---

[1] Ari Pedro Oro. As religiões afro-brasileiras do Rio Grande do Sul. *Debates do NER*, Porto Alegre, ano 9, n. 13, p.9-23, jan./jun.2008.

Os dados do senso do IBGE (2000) mostram que o número de pessoas que se declaram pertencentes às religiões afro-brasileiras aumentou no Rio Grande do Sul em relação ao resto do país. No entanto, conforme Ari Oro, "os estudiosos e líderes religiosos estimaram em cerca de 30.000 terreiros espalhados em todo o Estado, com maior concentração na região metropolitana de Porto Alegre (Correa, 2007)", mas chama atenção que em termos de modalidade a Umbanda pura ocupa 5% em relação ao Batuque puro, que é de 15%, e 80% para Linha Cruzada, mostrando, assim, que a Umbanda, embora recente em termos de tempo histórico, está perdendo lugar para Linha Cruzada, que vem crescendo a partir da década de 70, ainda conforme Oro.[2] Podemos destacar também, o levantamento do senso de 2010 (IBGE) que nos mostra Porto Alegre com 2.697 pessoas que se dizem Umbandistas e 47.285 pessoas que se declaram da Umbanda e Candomblé. Por todos esses dados, acreditamos na importância desse registro no momento.

Segundo Ari Pedro Oro,[3] em seu artigo "O atual campo afro-religioso gaúcho", a "Umbanda, tal como no resto do País, representa o lado mais 'brasileiro' das modalidades afro-religiosas", justificando assim: "... consiste num importante sincretismo que agrega em seu repertório simbólico

---

2 Ibidem.
3 Professor de Antropologia da Universidade Federal do Rio Grande do Sul (UFRGS), doutor em Antropologia pela Universidade de Paris.

elementos do catolicismo popular, do espiritismo kardecista e das religiosidades indígenas e africanas".[4]

Benjamim Figueiredo, contador, neto de franceses, kardecista, fica proibido de receber seu Caboclo Mirim na mesa espírita e teve que se retirar, fundando seu centro em 1924, com o nome de Tenda Espírita Mirim, que trabalhava para as camadas mais pobres. (41)

Anos antes, a Tenda Nossa Senhora da Piedade, fundada em 1908, em São Gonçalo, no Rio de Janeiro, praticante do kardecismo, volta-se para a Umbanda em 1930 e sob a responsabilidade de Zélio de Moraes, seu dirigente, que havia recebido do Caboclo Sete Encruzilhadas a incumbência de fundar sete centros; funda esses centros, entre 1930 e 1937, todos instalados na cidade do Rio de Janeiro.[5] (42)

A Umbanda, chegou ao Estado do Rio Grande do Sul, pela cidade de Rio Grande, em 1926, tendo ali a fundação da primeira casa de Umbanda, chamando-se "Reino de São Jorge", foi estabelecida pelo ferroviário Otacílio Charão (Ari Oro, 2008).[6]

Já para Porto Alegre, a Umbanda foi trazida pelo capitão da marinha Laudelino de Souza Gomes, em 1932, fundan-

---

[4] Oro, Ari Pedro. O atual campo afro-religioso gaúcho. *Civitas*, Porto Alegre, v.12, n.3, p.556-565, set.-dez. 2012.

[5] Renato Ortiz. *A Morte Branca do Feiticeiro Negro*: Umbanda e Sociedade Brasileira. São Paulo, 1990.

[6] Ari Pedro Oro. As religiões afro-brasileiras do Rio Grande do Sul. *Debates do NER*, Porto Alegre, ano 9, n. 13, p.9-23, jan./jun.2008.

do a Congregação Espírita dos Franciscanos de Umbanda, existente até os dias atuais (Oro, 2008).[7]

No Rio Grande do Sul, conforme o mesmo autor (Ari Oro), a Umbanda cultua "Caboclos", "Pretos Velhos", "crianças", além de falanges africanas. O mesmo autor referencia também a Linha Cruzada, com suas entidades chamadas de "Exus e suas mulheres míticas, as Pomba-giras".

Ainda, conforme Patrícia Birman[8] (*O que é Umbanda*, 1983), existem três tipos de espíritos originários de domínios: o primeiro, da natureza, que são os chamados "Caboclos"; o segundo, do mundo civilizado, seriam os "Pretos Velhos e as crianças", e o terceiro domínio a autora descreve como "mundo marginal", que são os "exus".

Ari Oro também esclarece que a Umbanda se adequou aos novos tempos, quando as "pessoas já centravam suas vidas no trabalho", tendo os rituais um menor tempo de duração; não havia tambores nem sacrifícios de animais, tornando-se, assim, mais fácil para os fiéis cumprirem suas obrigações sem alterar seu cotidiano.

Já a Linha Cruzada/Quimbanda, conforme o mesmo autor, teria iniciado por volta dos anos 1970. Com a consolidação do capitalismo, trazendo graves problemas, como desempregos, doenças e "aflições de toda ordem", a Linha Cruzada se afirmaria então como uma das formas religiosas mais predominantes. Os terreiros de Exu proliferaram, mas

---

[7] Ibidem.
[8] Birman, Patrícia. *O que é Umbanda*. São Paulo: Brasiliense, 1985.

sempre "sendo objeto de tensões e polêmicas na comunidade afro-religiosa sul-rio-grandense" (Ari Oro).[9]

Segundo Renato Ortiz, no início do século XX, o kardecismo é considerado uma prática religiosa da classe média alta: trabalha com espíritos de brancos, médicos, sábios. O kardecismo não aceita espíritos de negros e índios, demonstrando rejeição de cor e classe. É religião de classe média alta, alfabetizados.

Já a Umbanda representa a classe média baixa: trabalha com espíritos de negros e índios (excluídos, marginalizados).

Aspectos que remetem à origem da Umbanda

Os espaços, principalmente o das macumbas, no Rio de Janeiro, saem das matas e bosques, passam a ser feitos no interior das casas, mantém-se o altar com imagens católicas, elimina-se o fetiche e as matanças (candomblé); aqui se percebe também que a religião começa a se urbanizar. A presença, a prática e até mesmo a chefia de certos centros de Umbanda por brancos nos reforça a ideia de "embranquecimento", termo usado por Renato Ortiz. A presença desses imigrantes brancos na Umbanda vai trazer elementos mágicos ao culto: talismãs europeus, estrelas de David, insígnias cabalísticas, livros de astrologia. (38, 39)

---

[9] Oro, Ari Pedro. As religiões afro-brasileiras do Rio Grande do Sul. *Debates do NER*, Porto Alegre, ano 9, n. 13, p.9-23, jan./jun.2008.

As linhas de Umbanda

a) Espíritos de luz: Caboclos, Pretos Velhos e crianças.
b) Espíritos terrenos: Exus. (71)

Características de cada espírito das linhas de Umbanda

O Caboclo é construído na figura do índio, que, por sua vez, é visto pela população, em geral, a partir da construção do indígena presente nos romances brasileiros do século XIX. (72) Seguem alguns dos principais Caboclos cultuados em nosso Estado: Peri, Aimoré, Cabocla Jurema, Tupi-Tupá, Tupinambá, Ubirajara, Rompe Mato, Pena Branca, Tupaiba, Sete Flechas, e muitos outros. Esses Caboclos representam o índio indócil que não aceita a escravidão, "por essa razão, são representados como personagens altivos, orgulhosos, indomáveis. (...) Orgulho e altivez são qualidades que possuem os homens ainda não contaminados pela civilização."[10]

Os Pretos Velhos são os espíritos dos antigos escravos negros, que, pela sua humildade, tornaram-se praticantes da Lei de Umbanda. (73)

A Umbanda cultua o Preto Velho, que representa a figura humilde do negro cativo; alguns deles: Pai João, Pai Batão, Pai Cipriano, Pai Joaquim, Maria Conga, Maria Redonda, Tia Maria do Fogareiro, entre outros.

---

[10] Birman, Patrícia. *O que é Umbanda*. Coleção Primeiros Passos, 1983, p.38 e 39.

Ainda sobre os Pretos Velhos, Daísy Mutti e Lizete Chaves[11] dizem: "Para não se colocarem acima de qualquer um ou se sentirem mais inteligentes, esses espíritos se colocam abaixo dos consulentes, sentados no toco ou banquinho, utilizando de um linguajar tosco, pronunciando palavras erradas, e assim orientam e amparam sem julgamentos e com muita amorosidade o consulente sofrido que está sentado à sua frente"(84).

As crianças são as que trazem a ideia de pureza e inocência. Espíritos de crianças trabalham pela medicina, para o controle psíquico emocional e espiritual de cada pessoa.

Os nomes das entidades na Umbanda têm origem afro-brasileira, indígena e portuguesa. A Umbanda segue a doutrina espírita.

O Orixá não desce na Umbanda; envia um guia para trabalhar. Esses enviados são os intermediários entre o plano astral superior e a Terra. (83)

Cada linha de Exu se comunica ou corresponde a uma linha de Umbanda. (88)

Os kardecistas consideram o Exu, a cachaça, o charuto e a pólvora práticas atrasadas. (47)

---

[11] Mutti, Daísy e Chaves, Lizete. *Ensinamentos Básicos de Umbanda*. Porto Alegre: Legião Publicações, 2016, p.84.

MAPA CONCEITUAL

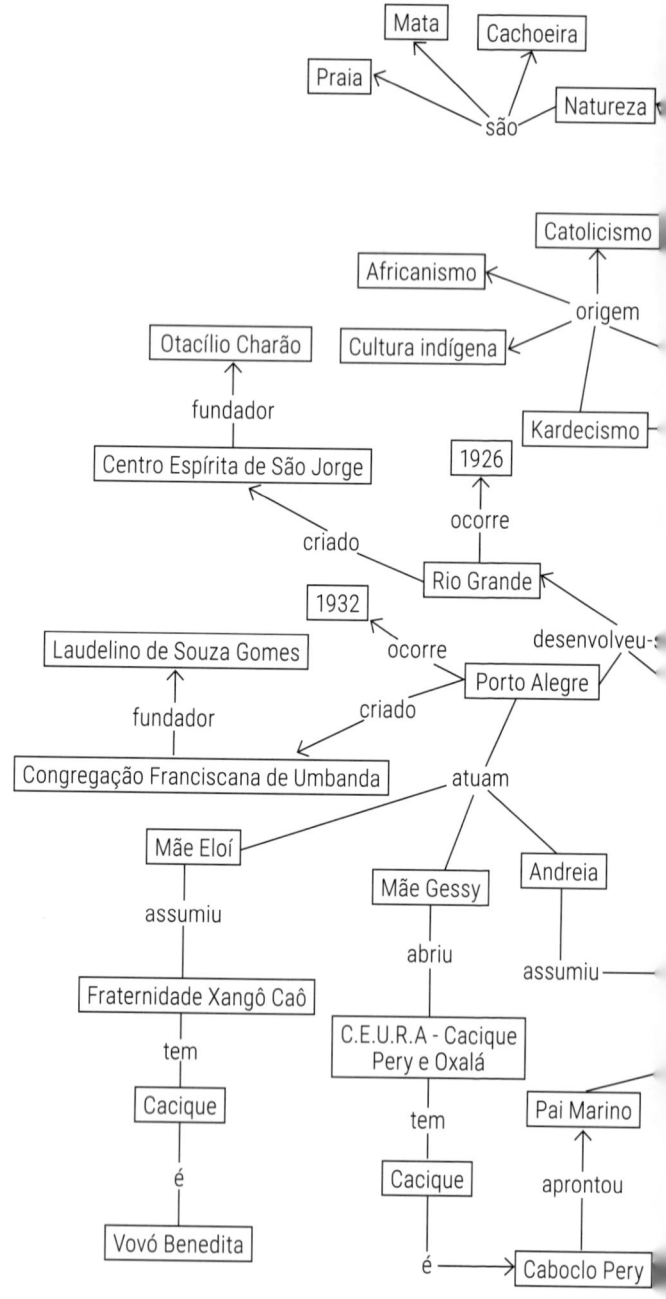

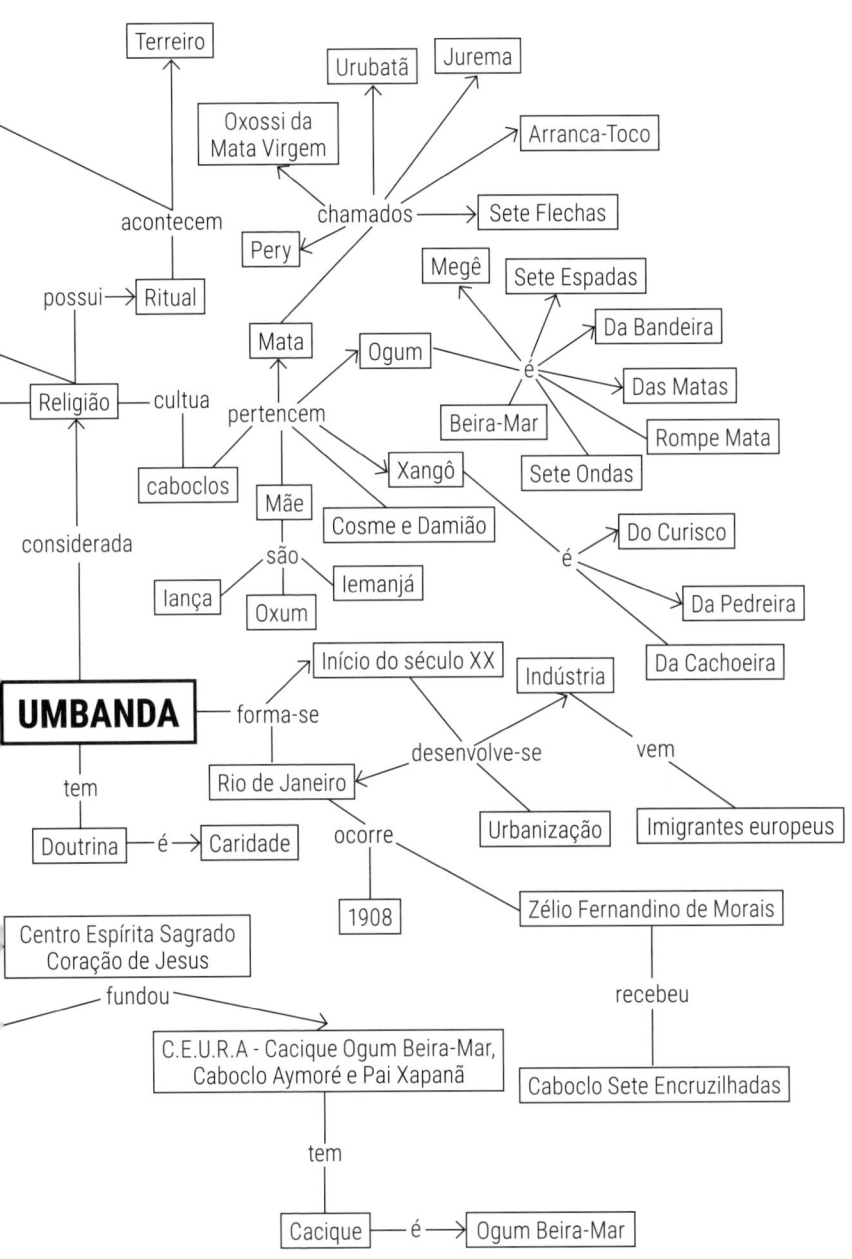

INDUSTRIALIZAÇÃO, SOCIEDADE BRASILEIRA E FORMAÇÃO DA UMBANDA[12]

As transformações socioeconômicas do século XIX levam à abolição da escravatura (1888), incluindo o negro na sociedade branca e a queda do Império, dando lugar à República (1889), sistema político mais adequado à nova proposta capitalista de produção, substituindo, portanto, o trabalho escravo pelo trabalho livre.

No entanto, a necessidade de mão de obra para a indústria facilita a entrada de imigrantes europeus, levando o País a "embranquecer", instigando a urbanização. Ocorre que os

---

[12] Renato Ortiz. *A Morte Branca do Feiticeiro Negro:* Umbanda e Sociedade Brasileira. São Paulo, 1991.

imigrantes europeus passam a ocupar as funções que eram dos negros, enquanto que estes se obrigam a se marginalizar.

A libertação dos escravos em 1888 não trouxe uma mudança econômica e social significativa para a massa de ex--escravos. Os africanos e seus descendentes continuaram exercendo funções subalternas, ocupando os lugares mais baixos na hierarquia social, dominada pelos brancos. Marginalizados na grande maioria das vezes, ainda nos dias de hoje, os negros recebem menores salários do que os brancos, mesmo em funções idênticas, o número de desempregados negros é maior que o dos brancos, os negros vivem menos e sua saúde é mais precária que a dos brancos.

A partir de 1930, com a tomada do governo por Getúlio Vargas e a ANL, começa um período de investimento industrial e modernização do País; consequentemente, vai haver um considerável crescimento urbano, surge um mercado interno na medida em que a economia do País não visa mais exclusivamente ao exterior.

É nesse contexto que surge a Umbanda, fruto de mudanças econômicas e sociais. Ela exprime a consolidação de uma sociedade urbano-industrial. Essa sociedade se caracteriza por valores capitalistas de origem europeia, portanto branca. "Para subir individualmente na estrutura social, o negro não tem alternativa; ele precisa aceitar os valores impostos pelo mundo branco; ele vai, pois, recusar tudo aquilo que tem uma forte conotação negra, isto é, afro-brasileira." (33)

A influência da sociedade na religião

São os intelectuais Umbandistas brancos e afro-descendentes que codificaram a tradição afro-brasileira. Portanto, pode-se dizer que a Umbanda é uma religião brasileira que tem em suas veias o sangue negro. (33)

O espiritismo chega ao Brasil no final do século XIX (1853), propagando-se rapidamente nos meios mais pobres. Torna-se verdadeiramente religião em 1865, em Salvador. (40)

O nascimento da religião Umbanda requer:

1. Embranquecimento das tradições afro.
2. Empretecimento das práticas religiosas de origem católica ou kardecista. (33)

O embranquecimento

Percebe-se o embranquecimento ao analisarmos as origens da Umbanda, onde as macumbas que ocorriam (no Rio de Janeiro) em espaços retirados, como matas e bosques, passam a ser feitas no interior das casas. Conserva-se o altar, mas elimina-se o fetiche e as matanças (candomblé), colocam-se imagens católicas no altar. Outro aspecto do embranquecimento é a presença, a prática e até mesmo a chefia de certos centros de Umbanda por brancos. A presença desses imigrantes brancos na Umbanda vão trazer elementos mágicos ao culto: talismãs europeus, estrelas de David, insígnias cabalísticas, livros de astrologia. (38,39)

O empretecimento

Para entendermos o empretecimento, conforme Renato Ortiz, nota-se que, o espiritismo vai aos poucos adquirindo um caráter místico, onde o médium se torna um curandeiro. (41)

CARACTERÍSTICAS E PRÁTICAS DA UMBANDA

A ri Oro nos relata em *Umbanda Pura* como a Umbanda cultua os Caboclos, Pretos Velhos e crianças (Ibeji).[13]
Já Renato Ortiz[14] nos fala do culto da cabula, para demonstrar a fusão de bantos com o espiritismo: "As sessões de cabula chamavam-se 'mesa'; eram secretas e eram praticadas no bosque, onde, sob uma árvore, se improvisava um altar." Aqui a mesa remete ao espiritismo. Continuando, Renato Ortiz ainda nos esclarece mais: "O chefe de cada mesa chamava-se 'embanda' e era secundado pelo 'cambo-

---

[13] Ari Pedro Oro. As religiões afro-brasileiras do Rio Grande do Sul. *Debates do NER*, ano 9, n. 13, p.9-23, jan./jun. 2008.

[14] Renato Ortiz. *A Morte Branca do Feiticeiro Negro:* Umbanda e Sociedade Brasileira, 1991.

ne'; a reunião dos adeptos formava a 'engira'." Observamos que a denominação de "mesa" foi conservada até meados dos anos 30. O mesmo autor ainda nos relata a história da Tenda Espírita Nossa Senhora da Piedade: "...fundada em 1908, em São Gonçalo, Estado do Rio, e que também praticava o kardecismo e que, em torno de 1930, volta-se para a Umbanda". Seu dirigente, Zélio de Moraes, teria recebido do Caboclo Sete Encruzilhadas a incumbência de fundar sete centros, e todos foram instalados na cidade do Rio de Janeiro, entre os anos de 1930 e 1937.[15]

Assim como o neto de franceses Benjamim Figueiredo, que teria sido um dos primeiros kardecistas a iniciar o movimento de empretecimento: "trabalhando na mesa... recebe o espírito do Caboclo Mirim, índio brasileiro, o que o impossibilita de continuar seu trabalho com os kardecistas, que recusam esse gênero de espírito por considerá-lo por demais impuro para desenvolver o progresso da humanidade". Em 1924, ele funda a Tenda Mirim, no Rio de Janeiro.[16]

Relacionando o que dizem Ari Oro e Renato Ortiz, em seus estudos, confirma-se que Umbanda e kardecismo sempre estiveram muito próximos, inclusive no que se refere às questões de possessão, ainda que a Umbanda não seja tão bem aceita pelo kardecismo.

---

[15] Renato Ortiz. *A Morte Branca do Feiticeiro Negro:* Umbanda e Sociedade, 1991.
[16] Ibidem.

Conforme Cavalcante Bandeira, existe, na Umbanda, uma multiplicidade de práticas, tornando possível fazer uma classificação a partir de quatro categorias:

1. **Primeiro feitio ou espiritualista:** se aproxima do espiritismo; não usam uniforme, não fazem rituais de praia, o canto e a música são raros.
2. **Segundo feitio ou ritualista:** usa uniforme, palmas e curimbas,[17] fazem rituais de praia, etc, aceitam imagens.
3. **Terceiro feitio ou ritmada:** usa tambor e alguns terreiros fazem assentamento de orixás.
4. **Quarto feitio ou ritualista ritmada:** usa atabaques, vestes coloridas, assentamento de orixás. (93)

Com o passar do tempo, as práticas religiosas do Candomblé tornam-se difíceis para uma sociedade que se industrializa. A Umbanda surge como solução. (48)

A Umbanda se desenvolve com maior força nas favelas. A religião Umbanda agrega as classes baixas, mas tem como médiuns, assistentes e lideranças egressos da classe média (médicos, advogados, autoridades civis), portanto não é uma religião de proletários. A religião católica é a que mais

---

[17] "A união dos pontos cantados com os toques do atabaque é de suma importância para a sustentação vibratória da sessão, e deve ser bem fundamentada e compreendida por todos. Os cânticos servem de marcação para todo o ritual do terreiro..." (Norberto Peixoto. *Encantos de Umbanda:* Os fundamentos básicos do esoterismo umbandista. Porto Alegre: Edições BesouroBox Ltda., p.154, 2016).

fornece clientes e adeptos para a Umbanda. Por outro lado, poucos protestantes frequentam a Umbanda. (64, 65)

Tendo como características fundamentais todos esses aspectos que nos esclarecem quanto à origem da Umbanda, pensamos trazer alguns relatos de Caciques sobre a religião, tendo como objetivo simplesmente trazer a luz, a declaração destes Caciques mais antigos da cidade de Porto Alegre, no Estado do Rio Grande do Sul, que dariam testemunho de suas provas, vivenciadas ao longo de anos dedicados à religião, fazendo um paralelo com os autores, alguns já citados, e ainda com os que surgirem ao longo de nossa narrativa, na tentativa de disseminar um pouco mais de conhecimento.

MÃE GESSY:
Centro Espírita de Umbanda e Religião Africana Pai Peri e Pai Oxalá

Nós somos dois guerreiros, dois irmãos unidos
Meu nome é Tupaiba, eu sou filho de Aimoré
Lá da tribo guarani   BIS
Meu irmão chama Peri
Guarani, guarani, eu mandei te chamar   BIS
Nesta seara sagrada
Guarani vem trabalhar
Quem vem descendo a serra
É guarani, é guarani
Baixou, baixou, baixou o Caboclo Peri
Ele é flecheiro, ele é guerreiro
Lá da tribo guarani.

⸮eu nome de batismo é Gessy Pinho Pereira, conhecida como Mãe Gessy do Oxalá, exercendo suas práticas religiosas no Centro Espírita de Umbanda e Religião Africana Cacique Peri e Oxalá, na rua Dr. Ernesto Ludwig, n.º 164. Nasceu em vinte e quatro de julho de mil novecentos e trinta e dois, na cidade de Rio Grande, tendo passado sua infância na cidade de Bagé.

Mãe Gessy, conforme descreve em entrevista, iniciou sua vida religiosa na cidade de Bagé em mil novecentos e cinquenta e três, quando passou a fazer parte do Centro Espírita Ogum das Matas, dirigido por dona Olivia Martinez. "Minha mãe carnal estava doente, teve três crises de morte. Com essa promessa que eu iniciei na Umbanda, minha mãe se salvou e eu abracei a religião. Eu iniciei com a Mãe Jandira. Mais ou menos em mil novecentos e cinquenta e três". Foi nesse Centro que ela desenvolveu e trabalhou por dez anos, com a entidade Mãe Jandira.

"Era a primeira casa de Umbanda na cidade de Bagé. Era convidada, pois para entrar na casa era por convite. Eu fui convidada por essa senhora e continuei lá, depois a minha família toda também ingressou junto comigo lá e era Umbanda Branca assim, só tinha os guias (Caboclos) mesmo; não usavam guia de segurança, não havia rituais, nada. O único ritual que usavam lá era o ponto de pólvora, mais nada."

"Era Umbanda Branca. Chegavam os Caboclos, desenvolviam com os Caboclos, trabalhavam com os Caboclos e davam passe; era bem simples a Umbanda dela. Não tinha tambor, nada. Eram só os pontos cantados..."

"Quando eu entrei já não me lembro havia quanto tempo estava aberta. Sei que era a única, uma das primeiras casas de Umbanda em Bagé, de Oliva Martinhos, que já é morta agora."

Mãe Gessy, após esses dez anos, transferiu-se com a família para Porto Alegre, onde prosseguiu sua vida religiosa, primeiramente na casa de Ogum de Aruanda, dirigida por Adão Grassolini. "O meu ingresso na casa dele foi quando eu vim de Bagé para Porto Alegre. Aí andei um ano procurando casa em que eu me adaptasse; foi na casa dele que eu me adaptei. Onde eu fiquei por cinco anos."

Adão Grassolini, de Ogum de Aruanda, tinha sua casa situada na rua Gaspar Martins. "Só o número que eu não me lembro. Entre a Farrapos e a Voluntários. Era Adão de Grassolini dos Santos, o primeiro 'maraqueiro' de Porto Alegre, filho do 'Amaraca'. Maraca é o Agê. Maraca é outro estilo, né. Agê é esse grande. Maraca é pequenininho. Ele foi o criador da primeira Maraca.[18] Faziam sessões nos porões do Palácio da Policia. Escondido."

---

[18] Maraca: Instrumento típico de danças latino-americanas. Em sua etimologia: *Maraca e maracá* são oriundos do tupi *mbara' ka* (Buarque de Hollanda, Aurélio, *Novo Dicionário da Língua Portuguesa*). Ainda sobre Maraca, "...os índios tupis, que habitavam a maíor parte do litoral brasileiro no século 16, veneravam seus maracas como deuses. Cada índio possuía seu maracá particular, que era guardado em um aposento próprio, após o maracá ter sido consagrado pelo Pajé. Ao seu maracá os índios dirigiam suas preces e pedidos." (Descrição feita por Hans Staden. *Duas Viagens ao Brasil*: Primeiros registros sobre o Brasil. Porto Alegre: L&PM, 2010. Tradução de Angel Bojadsen.)

"O ritual na casa do Pai Adão era bem diferente do que era em Bagé. Aí já tinha os rituais de mata, de mar, de água doce e de cachoeira. Tinha o amaci. Vinte e um. Tinha as guias de segurança. Tinha tambor na casa. Quer dizer, era bem diferente do que eu iniciei."

"Em mil novecentos e sessenta e quatro eu vim pra Porto Alegre, quando teve o golpe militar e em mil novecentos e sessenta e cinco eu ingressei na casa do Pai Adão, onde eu estive por cinco anos. Aí como ele mudou para longe, pra Canoas, eu não tinha como ir, aí eu entrei na casa de uma filha dele, que tinha casa aberta, que era a Genessi Araújo de mãe Iara."

No terreiro de mãe Iara, mãe Gessy recebeu pela primeira vez o Caboclo Peri, que, intercalando com a mãe Jandira, trabalhou por sete anos na casa de mãe Iara.

No ano de mil novecentos e setenta e cinco, mãe Gessy entrou para a casa de pai Vinícius de Oxalá (*in memoriam*), na Sociedade de Umbanda e Religião Africana Ogum Megê e Oxalá, e foi neste mesmo ano que o Caboclo Peri foi coroado[19] Cacique, abrindo também sua casa de Umbanda. Ainda naquele ano, mãe Gessy ingressou no Africanismo, passando a ser filha de Oxalá e Oxum Docô.

---

[19] Antônio Alves Teixeira Neto. *O Livro dos Médiuns de Umbanda*. Editora Eco, 1970, p.119: "O Amaci é constituído pelo suco de várias ervas, as quais devem ser pisadas e depois espremidas fortemente, deixando escorrer o primeiro suco, que é grosso. Assim, ter-se-á de adicionar um pouco de água, para torná-lo mais fluido, isto é, menos grosso. As ervas empregadas devem ser, além das que porventura venham a ser indicadas pelos Guias ou Protetores, as seguintes: são-joão, santa-bárbara, arruda, espada-de-são-jorge, erva-de-são-jerônimo, guiné-pipiu, alecrim-do-campo, alecrim--do-jardim, barba-de-velho, folhas verdes de fumo".

A visão de Mãe Gessy sobre a Umbanda

"A Umbanda é religião, é ciência de causa e efeito, tendo por lema amor, verdade e caridade.

Umbanda é uma religião porque possui culto, ritual, sacerdote, oferendas, e tudo quanto uma religião devidamente organizada tem neste ou naquele grau.

A Umbanda é uma ciência, porque, não se limitando à aceitação cega da imposição ritualística, indaga, pesquisa, investiga o dito sobrenatural, servindo-se de métodos mediúnicos. A Umbanda não é apenas uma religião verdadeira, como é também um vasto campo de pesquisa. O Umbandista comunica-se com os desencarnados, aceita a lei das reencarnações, aceita doutrinas e procura praticar a caridade, como diz esse provérbio: Fora da caridade não há salvação."

Casa Cruzada

"Casa Cruzada é quando tem a Umbanda e a Nação! Para mim é. O Exu, Umbanda e Nação; o Exu é com Caboclos, se encontram as linhas de Exus e Caboclos, e a Nação, a parte dos Santos, Orixás... É Caboclos e Orixás.

É completamente diferente, não mistura; Umbanda é Umbanda e Nação é Nação, não tem mistura."

Elementos usados pelos guias

"Charutos, bebidas, o pito do Preto Velho, defumação, é para fazer fumaça, para perfumar, limpar, defumar, desinfetar para preparar o ambiente. Também o médium com a bebida defende de micróbios, de gente doente que venha tomar seu passe ou consultar."

Mãe Gessy relata elementos usados para preparar o ambiente e defender os médiuns e também para limpar as pessoas que ali estão para esse fim.

"O que representam as pólvoras? Usam-se as pólvoras com o povo do fogo, que é o povo de Xangô, dono do fogo. Para descarregar, para limpar as pessoas das negatividades; é um trabalho de limpeza."

Rituais e suas energias

"Usa-se o ritual da mata para reforçar os médiuns com a energia das folhas, ervas das matas.

Ritual da pedreira: para buscar a energia da pedra que representa Xangô e Iançã, de cachoeira a energia igual a que também responde Oxum.

Ritual no rio para mãe Oxum: buscamos também a energia das mães Oxuns e de todo povo da água doce.

Ritual do mar: para buscar a energia do mar, que é a força da natureza e a força da mãe Iemanjá e de todo povo do mar.

Todos os rituais são em busca de força da natureza."

Sobre demandas

"São pessoas mal informadas que acham que, praticando o mal, vão adquirir alguma coisa boa para si. Ao contrário, estarão escurecendo a si próprios."

Guias e colares

"As guias de segurança representam o símbolo do seu guia espiritual; é como um talismã em defesa de perigos, de perturbações e de inimigos."

Banhos de descarga

"Todo médium deve fazer o seu banho de descarga, que é um banho de ervas, para limpar e purificar seu corpo, pôr a sua roupa branca para cumprir a sua obrigação para com o seu guia espiritual, o seu Caboclo ou o seu Preto Velho, e para atrair boas vibrações."

Pretos Velhos

"Os Pretos Velhos vêm da África! Os negros, né! Naquela época os escravos, maioria escravos, cada um tem a sua história! Então, eu considero eles escravos, que vêm na roupagem de Preto Velhos, vem médico, vem cientista! Por que tu vê que tem Pretos Velhos, que são para saúde, receitam, e outros Pretos Velhos que são pra benzeduras, né! E outros é remédio, é como um médico, então vêm na roupagem de Preto Velho, vêm médicos e enfermeiros, infiltrados na linha de Pretos Velhos, vem como Preto Velho, mas a maioria é do tempo dos escravos, aqueles já sacrificados subiram, hoje, têm luz, e estão cumprindo missão espiritual."

Caboclos

"Os Caboclos, que, a gente sabe, vem da origem dos índios, que são considerados Caboclos de mata, é da origem dos índios... Sim, eles vêm para... aí eles dão o ritual deles. As oferendas deles, cada um tem um tipo de oferenda, para cada tipo de necessidade da pessoa, então eles receitam aqueles trabalhos em nome deles, trabalhos de mata, trabalhos de cachoeira, praia de água doce, Oxum; praia de mar, Iemanjá, tudo isso e matas e encruzilhadas pros Exus, aquelas oferendas destinadas para cada necessidade da pessoa!"

Falanges de Oguns

"Aí depende da linha que ele vem: tem o Ogum, que é um índio, tem o Ogum Rompe-Mato, que é do Oxóssi, têm Oguns que vem na roupagem de Ogum de São Jorge, e outros que vêm na roupagem com a mata, que é cruzado! Como Ogum Rompe-Mato, Ogum das Matas, Ogum Beira-Mar! São os Oguns que vêm em roupagens diferentes!

São Caboclos, tudo é Caboclo, cada um vem numa linha, mas todos são Caboclos."

Exus e Pomba-Gira

"O Exu, ele é doutrinado, ele vem mais com uma doutrina da casa, né! Por que tem casas de Exu, em que a maioria é dança, bebida, cigarro, não dão consulta, não dão passe. Então tu faz o teu Exu, ele chega bruto! Para ter luz, ele é encaminhado, ao menos da minha vivência de religião, que é de cinquenta e... quase sessenta anos, cinquenta e nove anos já. A minha vivência, o Exu tem que ser doutrinado, entendeu? Quando eu comecei, Exu era Exu que se arrastava no chão, que vinha agachado, com os dedos tudo torto, se babando, não falavam; então eles são doutrinados. Aí é que eles vão agarrar luz e vão evoluindo com o dono da casa, com o chefe da casa, da terreira, que vai dominando eles. Eu mesmo tive uma médium que vinha com um Exu; o Exu não se retirava, queria evoluir, aí ninguém sabia, porque o meu pai, não eu, o meu pai chamava ele de Ogum... no caso até os médiuns..."

No caso o Pai Peri?

"É o Pai Peri, chamava ele de Ogum, tirava ponto de Ogum, até que perguntaram para o pai Peri, por que ele tirava ponto de Ogum (ele respondeu), porque aquele Exu queria evoluir, queria ser um Caboclo, então ele foi doutrinando e girando ele como Exu, mas com ponto de Ogum, até que ele alcançou e deu o nome dele de Ogum... aí como é... Ogum... aí Rompe-Mato, aí um nome estranho de Ogum até... Ogum Serra Negra, ele deu o nome de Ogum Serra Negra, quando o Exu se desenvolveu até chegar o Ogum Serra Negra, deu até o nome e sobrenome dele, era uma médium minha; e assim que foram feitos os Exus; não davam cachaça, não davam nada; só vinham girar e girar, conforme a terreira foi evoluindo, eles foram evoluindo, evoluindo, evoluindo, até que se levantaram. Agora esse negócio de dança e bebida, salto alto, aquelas coisas, fantasias, né! Não sou contra, cada um cada um, cada casa é o seu rito, cada um com seu ritual, mas na minha casa, eu fui feita com Exu de branco, e quando chega um desses é para ajudar a levantar, os Exus da minha casa dão até consulta que nem um Caboclo, mas são Exus, mas Exus evoluídos. E hoje em dia é assim; agora se tu recebe um Exu, já querem dar cachaça na primeira vez, e já dá isso tudo que ele pede, aí não. Tem que ir devagarinho, Exu chega, não ganha nada, depois vai devagarinho, vai evoluindo ele, aí depois é que dá o charuto, ou o cigarro, e a bebida, e também a bebida moderada, um pouquinho para cada um, não é; mas, se deixar o Exu bebe até quando quiser de garrafa na mão."

Perguntada sobre o porquê de eles beberem e fumarem, ela respondeu:

"Pois bebem e fumam para diferenciar a atitude deles, quer dizer eles vieram crus, então qual é a oferenda deles, sempre foi, se faz é com a cachaça e tudo, então eles foram, eram crus, então foram evoluindo, e aí foram dando... o axé, o axé deles, que era o charuto, ou o cigarro e o álcool, mas o álcool até por ali, as Pombas Gira, é as champanhas, já o Pilintra é o uísque. Mas tudo é como a casa faz, a bebidinha é pouca, a gente não dá demais, outras casas é outras casas, cada um com seu ritual; o meu ritual é assim. Tem medida para dar e não tem fantasia, tem até guias, tudo direitinho. Esse é o meu ritual."

Quanto as oferendas para Exus, diz mãe Gessy:

"É no cruzeiro. Pode, pode levar no cruzeiro; tem outras que a gente pode levar no matinho, depende do lugar de cada um, que eles exigem, pedem, então a gente coloca naquele lugar, como a Mulambo, que é feita no... tem a Mulambo do lixo, têm outras que são da encruzilhada, tem outra que é do verde, e ali que a gente bota, onde elas pedem a gente bota a oferenda deles, como aqui cada um pede de uma maneira. Depende... depende do reino de cada um!"

E sempre é cachaça?

"Cachaça, para eles é cachaça, o Exu, só o Zé Pilintra que é uísque, os outros tudo é Exu, então a bebida é cachaça e a oferenda é o milho, pipoca, charuto..."

Sobre o assentamento de Exu, o que é? "O assentamento de Exu que eu aprendi, que eu faço, o assentamento de Exu é eles, é a imagem, a imagem dele é o assentamento dele, pelo menos na minha lei, no que eu aprendi, no meu fundamento, é a imagem de cada um deles, a bebidinha de cada um, o charuto, ou cigarro para as Pombas Gira e a comida é milho e pipoca; é isso que se dá."

E eles ficam fora da terreira?

"É na casinha deles, fora da casa, na frente da casa." "Se bota também as ponteiras, sete ponteiras na casinha deles, o ecó."

"Depende do lado! Eu é com ponteira. O que a gente usa em último caso. Eu uso tudo pro bem, não faço nada pro mal, nem que me dê ouro em pó, porque eu não faço nada negativo. Eu uso as ponteiras para quebrar as forças negativas da pessoa negativa, quer dizer eu boto ali na casinha, boto o nome da pessoa, peço para quebrar aquele lado mau daquela pessoa, para se tornar boa e não fazer maldade, ser amiga e não inimiga; esse é o pedido que eu faço na casinha com as ponteiras, e fora as ponteiras, aquelas que a gente coloca as sete em dia de sessão, que eu nem uso, também se usa sete ponteiras para segurança da casa em dia de sessão, mas eu nem uso mais, há muito tempo que eu não uso mais; só no início que eu usei, depois não usei mais. Eu tenho ali porque o pai Peri trabalha com ponteira, quando ele faz os trabalhos que eram com ele, agora nem ele, mas acho que é por causa minha; ele riscava a pessoa inteira aí, e atava com as sete ponteiras, botava sete pontos de pólvora, aí a pessoa levanta, melhora! Levanta dali, fica só com a pemba riscada e acendia fogo, isso é com ele, eu nunca fiz, ele não tem feito mais isso, acho que é por causa da Nação, acho que quando não tinha Nação que ele fazia! Eu trouxe os santos para casa, aí ele não fez mais. Agora com a Nação ele não faz mais este tipo de trabalho."

Sobre as sessões do início ao final

"Primeiro é a defumação, depois a abertura normal dos trabalhos, depois da defumação, são as rezas, os pontos cantados; é chamado o chefe da casa primeiro, depois vêm os outros pontos, se puxa por linha, de Ogum, depois Xangô, Oxossi, aí vem a Jurema junto, depois Iançã, Oxum, Iemanjá, todas as linhas da Umbanda, aí é Umbanda, então são chamadas todos os guias de cada linha de Caboclo que vem e a linha das mães."

"Depois têm os passes, têm as consultas... e depois o encerramento é a mesma coisa, agradecendo tudo no final e encerrando os trabalhos."

Consultas numa sessão de Umbanda

"As consultas, bem, tem todos os guias de consulta, os mais antigos é que já têm licença; eles estão prontos, têm licença para dar consultas, e as consultas dependem; com relação a cobrança, diz mãe Gessy: "a gente pede um valor "x", para uma consulta especial, e quem não tem se dá consulta de graça, quem não pode pagar gente dá consulta de graça, então, quem pode paga, quem não pode não paga, não é obrigado pagar."

Quando a pessoa não tem condições financeiras para pagar uma consulta..."Num caso de necessidade, não tem condições, mas a gente não deixa de atender, dá consulta igual. Se tem trabalho para fazer, é receitado e se faz; até meu Pai fala lá com as consultas dele, a cambona diz: "Não é para cobrar desse filho, ele não pode pagar", dá a receita, conforme manda o guia, e não é cobrado, é só chegar na secretaria e dizer "Eu não tenho condições", então a gente faz o trabalho igual, dá o material, dá tudo; não peço nem material para ninguém..."

"Ontem mesmo trabalhei, joguei para quatro pessoas, e nenhuma pagou, não tinham condições de pagar, e aí eu vou deixar de jogar? Então onde fica a caridade? Aí é a caridade; quem tem pode, paga, mas quem não tem não pode e não paga; não vê, até as mensalidades, aqui a metade não paga, isso que é um valor simbólico por mês, mas muitos não pagam e o que eu vou fazer? Vou mandar embora? Tem que ir levando, esperando de cada um, a obrigação de cada um."

Um Caboclo pode receitar trabalhos que tenham que ser feitos pela Nação?

"Ah! Isso pode, receita pode, um Caboclo receitar o que é da Nação pode, que aí tá... espiritualmente estão todos em comunhão, aqui, na Terra, é que tem divisão, que é para não ter aquela mistura, então aqui é que tem essa divisão, espiritualmente não, são iguais, mas o Caboclo obedece ao Orixá, entendeu? O Orixá é a lei maior, então ele obedece ao Orixá; quer dizer que se tu tá precisando de um trabalho de Orixá, o Caboclo receita um trabalho de Orixá, e no búzio o que dá mais é essas coisas, para o lado da Nação se vê nos búzios e pelo lado da Umbanda na carta, no baralho."

Oferendas de Umbanda

"É de Bará a Oxalá. Da Umbanda que tu diz? Mas é quase a mesma coisa que a gente faz. Quer dizer que o Bará, se bota como Exu! Mas a oferenda é quase igual, a do Exu, é milho-pipoca e charuto, e a do orixá Bará é milho, pipoca, sete batatas, quando é para o Agelu sete balinhas de mel e quando é para o Lodê, por exemplo, é só a batata, milho e pipoca, entendeu? E na Umbanda, Exu, primeiro! Então é o milho e pipoca, a cachaça e charuto! Depois então vem a do Ogum, que é o churrasco, a farofa e se pode colocar uma maçã, porque casa com a Iançá, querendo, bota junto. Depois do Ogum vem o Oxóssi. O Oxóssi, dá uma oferenda maior para ele, é um peixe com frutas, se não faz só com frutas, um pedaço de carne de porco. Pro Oxóssi, é que nem Jurema, Jurema tanto ganha o peixe como ganha as frutas.

Xangô é carne de peito, pirão, um amalá de Xangô que a gente faz sempre, que é dois Xangôs: o Xangô velho, que é o Agodô, é o amalá, é amalá que se chama, é o pirão, a mostarda, seis bananas ou doze, e a carne de peito."

"Quando é para a Iançã, na Umbanda, vai pipoca, vai batata-doce... maçã, pode ir, rosa... isso aí é para Iançã. E a outra depois da Iançã é a Oxum."

"É na Umbanda, é a Oxum. Para a Oxum, é canjica amarela, quatro quindim, uma vela, tudo amarela, quer colocar uma flor amarela, quer enfeitar, pode enfeitar, com flores sempre. E a Iemanjá é a canjica branca, cocada, quatro cocadas e pode colocar oito também, tanto na Iemanjá, como na Oxum, mas o mínimo é quatro de cada um, uma vela e a champanhe. E a do Pai Oxalá é canjica branca com um mantinho de algodão à volta com quatro ou oito merengues. Sempre com mel! Nele não vai bebida, só o da Iemanjá."

Quanto às oferendas, elas são arriadas "Nos reinos também, tudo no reino; Xangô é na pedreira..." "Exu na encruzilhada, a Oxum no rio, a Iemanjá, pode ser as duas no rio; lá no mar só quando ir, as duas é no rio. E o Pai Oxalá também. Eu faço as minhas frentes tudo, de Bará a Oxalá, eu faço de Orixá e Umbanda, tudo aqui em Ipanema, tudo no rio."

"O que representa as oferendas é um presente que faz o Umbandista aos orixás da água doce, rios, água salgada do mar, aos orixás da terra, nos campos, nas matas, aos orixás do fogo, do ar, dos montes, etc. Não se confunda oferenda com despacho, que o Umbandista não faz."

Conforme este estudo, mãe Gessy atua como Cacique espiritual de terreiro de Umbanda há mais de cinquenta anos, tendo iniciado na atual casa com 70 filhos e hoje tem em torno de 120 filhos.

Com sua fé e dedicação mantém a C.E.U.R.A. Pai Peri e Pai Oxalá, tendo aprontado mais de 40 filhos, sendo que no mínimo 20, hoje, são Caciques espirituais de terreiras em Porto Alegre e região metropolitana, dando assim continuidade às práticas e rituais ancestrais, preservando com seu fundamento religioso a tradição do culto de Umbanda.

Pai Peri Cacique Espiritual do Centro Espírita de Umbanda e Religião Africana Pai Peri e Pai Oxalá

Mãe Gessy: Fundadora e Mestre Espiritual do Centro Espírita de Umbanda e Religião Africana Pai Peri e Pai Oxalá

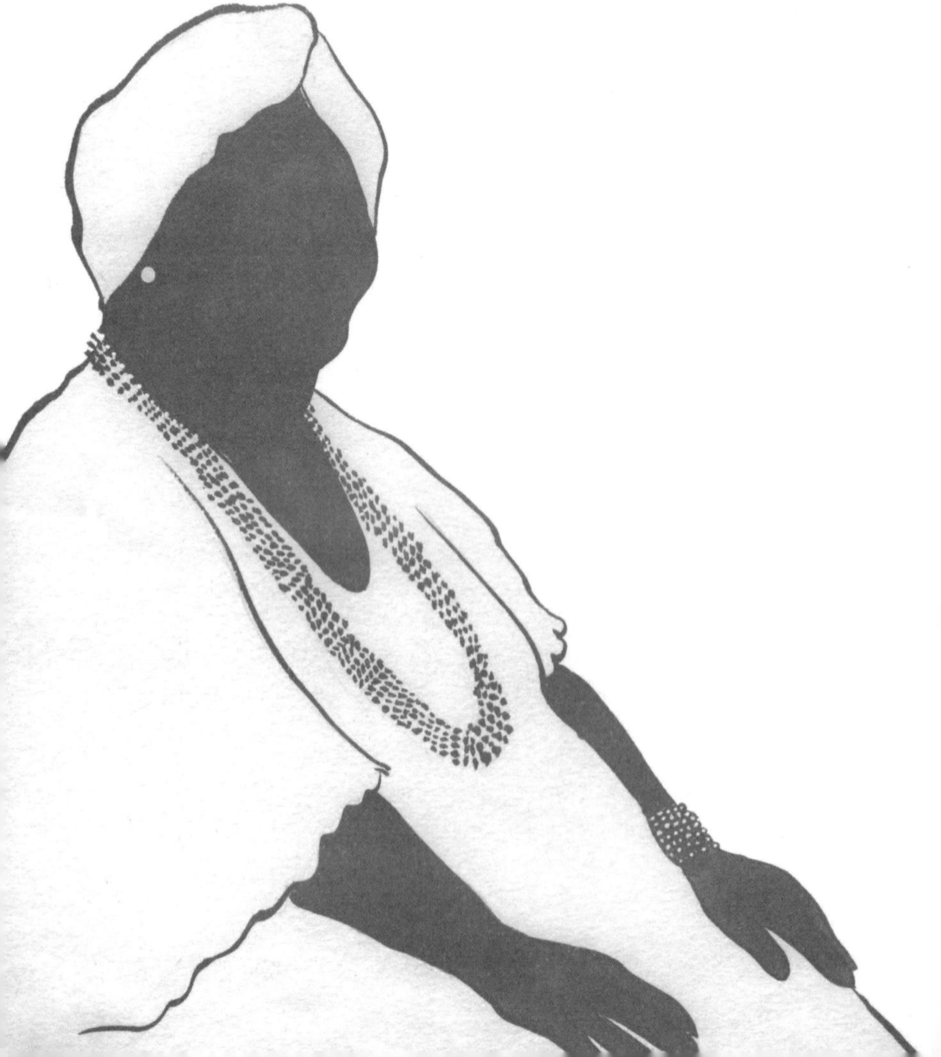

MÃE ELOÍ:
Centro Espírita São Jorge e Fraternidade Xangô Caô

PONTO DE CHEGADA DA VOVÓ BENEDITA

Chega Vovó   BIS
Chega Vovó
Que é da banda de lá
Só tem saia
Só tem saia
Só tem saia, mas não tem paletó.

2.ª PARTE
Benedita chegou da Angola   BIS
Com sua sacola vem trabalhar

Cadê o banco pra vovó sentar?
Já vou, vovó, já vou buscar BIS

E a marafa pra nega tomá?
Já vou, vovó, já vou buscar BIS
E a chinela da nega veia?
Já vou, vovó, já vou buscar BIS

Benedita já tá contente BIS
Vai trabalhar com seu jacutá.

Eloí Moreira da Conceição nasceu em Porto Alegre em primeiro de dezembro de mil novecentos e trinta e quatro. Em entrevista recente, diz que iniciou na religião aos dezesseis anos, juntamente com sua mãe carnal, dona Áurea Moreira da Conceição, por volta do ano de mil novecentos e quarenta e nove, sendo que o local em que hoje se situa a terreira no bairro Bom Jesus chegaram em mil novecentos e quarenta e oito, sua mãe então teria começado a trabalhar na Umbanda e ela junto.

Conforme palavras de mãe Eloí: "Isso foi em meados de... mil novecentos e quarenta e oito... nós viemos pra cá... vou colocar em mil novecentos e quarenta e nove. Em mil novecentos e quarenta e oito eu me lembro que a gente se mudou pra cá. Antes eu morava lá na Azenha, na Rua General Caldwel... onze quarenta e sete parece que era o número. A gente se mudou pra cá... aí a gente veio de muda pra cá... e em quarenta e nove a minha mãe já trabalhava né... ela se chamava Áurea Moreira da Conceição. A minha mãe, ela não teve assim uma casa que dissesse – Ah! Ela foi preparada naquela casa. Ela começou a trabalhar sozinha; incorporava, e ninguém em casa tinha consciência daquilo. Quando a gente veio aqui pra Bom Jesus, aí indicaram uma casa, e ela foi, passou a ir nessa casa. Só que nessa casa ela não fez apronte, ela fez continuidade com as entidades que ela tinha, então ela começou a fazer... dar continuidade e ao mesmo tempo que ela dava continuidade, na sessão que tinha lá, ela também trabalhava em casa...". Permanecendo ali por oito ou nove anos, sempre trabalhando com suas entidades também em sua casa, passando, depois então, a trabalhar só em casa.

Já tendo a casa, abriu o centro; ela diz: "...não lembro agora se é vinte e nove ou trinta agora, de setembro de mil novecentos e cinquenta... é a data de fundação da casa". Com dois anos de terreira aberta, tinha médiuns trabalhando, e aí faziam reforços no mês de junho, dentro da terreira. Em dezembro, o reforço era na mata e na cachoeira, e em janeiro era na praia de mar. "Reforço dentro da terreira. Em dezembro aí a gente fazia a mata com cachoeira, e em janeiro a gente fazia praia, praia de mar... não tinha assim um dia x, mas tinha o mês, era o mês de junho que era o reforço e o apronte era feito só com ervas e bebidas, não tinha aves, não tinha nada além disso aí, eram ervas, a bebida, pemba, que se usava muito, seguranças eram esses materiais. E um detalhe muito importante, não tinha quartinha, não tinha quartinha. Os filhos da casa, eles tinham um alguidar, então cada um, quando vinha pra fazer seu reforço, tinha o nome ali, seu alguidar, com a sua segurança e aí fazia ali o reforço." Ela esclarece ainda que, dentro do alguidar, que era cru, não ficava nada, nem fitas, nem guias, as guias eram a segurança dos Caboclos: "Guias, isso mesmo! Dos Caboclos. Fora do alguidar, não tinha cambucá, fita, coisa assim, nada. Só quando era criança que aí faziam segurança, as mães, né! Faziam segurança, aí sim, aí tinha um alguidar, fazia a segurança, passava erva na segurança, passava um axé de ervas na mãe, pra fazer a segurança no nenê, aí usava fitas, e ficava até o nenê nascer, quando o nenê nascia, aquelas fitas eram despachadas, e a criança ficava com uma segurança da casa pra sempre, era... por aí..."

Na fala de mãe Eloí, sua primeira feitura, aos dezesseis anos, foi com sua mãe carnal, dona Áurea. Mãe Eloí já tinha uma entidade e ajudava dona Áurea em todos os afazeres da casa de religião.

Dona Áurea trabalhava com um Caboclo da Mata Virgem, que era, conforme diz mãe Eloí, o cacique da casa; depois de algum tempo ela começou a trabalhar com Caboclo Sete Flechas, e este foi o Caboclo que "segurou a casa por muito tempo"; já o Mata Virgem só vinha quando havia algum tipo de homenagem (batizados, etc.).

Mãe Eloí conta ainda que o Sete Flechas ficou muito conhecido, sua mãe, dona Áurea, tinha também uma Preta Velha, com quem trabalhava constantemente.

"Minha mãe trabalhava com ela, foi desenvolvida, aliás, com o Caboclo da Mata Virgem, que era o Cacique da casa, depois ela passou a trabalhar com o Caboclo Sete Flechas, e esse Caboclo Sete Flechas foi quem segurou a casa por muito tempo; o Mata Virgem era aquele chefe que vinha em dias especiais, em dias de batizados, coisas assim. E o Sete Flechas, inclusive, ficou mais conhecido; ela trabalhava também com a Preta Velha, ai como era o nome da Preta Velha da minha mãe. A minha era a Benedita... a da Emília, vovó Joana, não me lembro agora..."

Mãe Eloí conta também que nesta época as terreiras não trabalhavam com Exus, não como nos dias atuais. Isso era mais ou menos pela década de cinquenta ou sessenta, e nos dias em que havia sessão era tirado um ponto de descarrego e feito o descarrego no final da sessão, e era despachado na rua. Conforme mãe Eloí, nessa época não havia na maioria dos terreiros incorporações de Exus, e que na terreira de sua mãe a primeira pessoa que incorporou um Exu foi ela. E que só vinha para fazer as descargas quando tinha limpeza de ponto de fogo, limpeza de ervas, conforme ela descreve: "Por aí, não se trabalhava com Exu, pelo menos aqui. Não se trabalhava Exu, quando tinha... nos dias de sessão, os últimos pontos, tirava-se um ponto de descarrego e aí era feita aquela descarga e era despachado depois na rua, e a primeira pessoa aqui na casa, e não tinha incorporação nessa época, a primeira pessoa que incorporou um Exu aqui na casa, fui eu. Mas ele vinha também, só para fazer as descargas, quando tinha limpeza de ponto de fogo, quando tinha limpeza de ervas, isso esporadicamente, durante o tempo de serviço era feito durante o ano... e quando era necessário... fazia. O Exu veio muito tempo depois, mesmo quando eu trabalhava... passei a trabalhar com Exu, ele só vinha quando tinha uma necessidade para um descarrego quando tinha limpeza de ponto de fogo."

Quanto às entidades da Umbanda, mãe Eloí conta que começou a desenvolver com o Caboclo Tupanciretã, esse foi o Caboclo que lhe deu segurança. "As minhas entidades... foi assim: eu comecei a desenvolver com o Caboclo Tupanciretã, esse me desenvolveu, me deu segurança, me deu tudo o que eu precisava para trabalhar, só que aí depois, quando eu já estava em condições, digamos assim, aí eu comecei a trabalhar com a vovó Benedita, essa vovó Benedita eu tinha dezessete anos quando ela veio a primeira vez e tá até hoje comigo. E só aí veio o Exu, o Exu da Calunga, quando eu ia completar vinte e um anos foi a primeira vez que ele veio, e qual é a outra entidade... João Batão de Angola." Mãe Eloí diz que sua mãe carnal, dona Áurea, que teria nascido em mil e novecentos, faleceu em mil novecentos e setenta e dois, e a terreira sob seu cacicado funcionou de mil novecentos e cinquenta até mil novecentos e setenta e dois. Ela explica que nessa época havia muito mais Caboclos que hoje em dia. "Tinha, no tempo da minha mãe, muitas entidades Caboclos, naquela época tinha o Caboclo, tinha o meu Caboclo, o Tupanciretã, tinha a Cabocla Miraguaia, tinha os Caboclos do fogo, Xangô do fogo que chamava, tinha Rompe-Mato, tinha... É, tinha Rompe-Mato de Arranca-Toco e Ogum Rompe-Mato de Arranca-Toco, eram duas entidades diferentes, tinha... Miraguaia eu já falei... tinha a irmã da Miraguaia também, a Cabocla Cajá da médium Ramona... Tinha Arariboia, Arariguaía, Caboclo Aimoré, Tupimirim, Tupinambás, Caboclo Javali, Badu, Oxóssi, o Oxóssi do seu Edegário (médium), o Oxóssi do João (médium), Ogum então, tinha bastante Ogum, Ogum Beira-Mar, Ogum Iara tinha...

A corrente da minha mãe, a corrente ativa, tinha quarenta médiuns, e quase que todos eles tinham as suas entidades, o único que não tinha uma entidade, que não incorporava, era o Narolino, mas ele participou assim, desde o começo até, até uns três anos atrás, teve aquele tempo todo da minha mãe, e depois quando eu continuei, ele continuou comigo ele era o único que não se incorporava, mas em compensação ele atendia... ele era o cambono, vamos dizer assim, de todas aquelas entidades... Caboclas tinha a Jupira, Jandira, Guacira, tinha Jurema, Jurema Três Penas, Jurema da Pena Branca, Jureminha... a Cabocla Cajá se desenvolveu, se aprontou tudo aqui... E todas elas foram prontas, pelas sete cachoeiras, sete praias, sete matas, elas tinham tudo, tudo, tanto que elas tinham ordem para abrirem suas casas, podiam marcar um dia, porque para abrir uma casa não é abrir as portas, tem que ir aos poucos, então... Mas eu acho que nenhuma delas abriu casa, acho que a única que abriu casa com a mão da mãe foi a Ramona, a Ramona sim, mas fora disso, a Eroni, ela vinha trabalhar aqui, a Tupã ficou muito tempo fora em função de família, e qual é a outra, a dona Carmen ficou doente e não vinha muito, sabe, então não teve assim, como é que se diz, as raízes ficaram plantadas aqui, não teve galho, sabe, o galho que teve foi o da Ramona, se tiver alguém não sei, aí não sei..."

Mãe Eloí relata como era a terreira na época de sua mãe, dona Áurea

"Só imagens, imagens de Caboclos, e tinha, era Jurema, era Jandira, era Tupinambá, Tupã, nós tínhamos aqui, três caciques, que era o cacique da Mata Virgem, que era o da mãe, tinha o... Cacique... Cacique Tupã, que era uma médium que foi preparada, por um apronte da mãe, e o Cacique Badu..." Segundo Mãe Eloi, as sessões na época de dona Áurea, tinham essa sequência:

"...os Caboclos firmavam o ponto; tinha o ponto riscado e o ponto cantado e tinha assim uma vez por mês, tinha assim sessão de desenvolvimento, a gente não tinha tambor era tudo na palma da mão... a gente passou a usar tambor em dia de festa, quando vinham lá na terreira ali do Pai Vinicius; eles iam lá visitar a terreira da minha mãe, e eles traziam tambor... Ah isso aí em sessenta, setenta (década). Oitenta, eu assumi a casa, doze anos depois que a mãe faleceu, eu assumi diretamente a casa. É, porque eu fui pro chão em oitenta e dois... fui em oitenta e dois pra assumir a casa, e fazia doze anos que a minha mãe tinha falecido. Eu me aprontei com ela (sua mãe, dona Áurea), eu fiz toda mata... era eu que organizava, eu que fazia a excursão... era eu que organizava. Eu fazia toda parte social e ela fazia a parte espiritual, né, tanto que se vai procurar o nome da casa, na delegacia de costumes, que era onde se fazia o registro, tá é o meu nome. Mas eu custei muito... eu não queria assumir assim..."

Quando Mãe Eloi assumiu a terreira de sua falecida mãe

"...Como eu levei muito tempo, levei doze anos pra assumir, fiquei na casa, ficava mantendo, o pai não queria... não queria que fechasse, mas tudo bem, como foi ele que comprou a casa, foi ele que comprou o terreno pra... justamente para seguir a religião, eu digo tudo bem, aí eu assumi, mas quando eu assumi, já assumi do meu jeito, e já foi diferente, e já tinha Exu, trabalhava com Exu, não era assim todo dia, mas tinha mais Exu, tinha mais incorporação de Exu, e tinha Caboclos, tinha sessão de Pretos Velhos, quer dizer, eu segui algumas coisas dela, mata, cachoeira, praia, tudo isso dei seguimento no caminho dela... agora o conga, o conga ele ficou bem diferente, por que aí eu tive que fazer a minha Nação, para eu poder assumir. E aí eu tive que dividir o Peji, que era muito grande, um lado para Umbanda e outro para a Nação, aí diminuiu imagem, que tinha imagem aqui que não acabava mais, acho que tinha umas cem imagens..."

A visão de mãe Eloi sobre a Umbanda

"A Umbanda não é uma religião, tá... falam: Ah eu vou numa sessão de Umbanda! Pode ir numa sessão de Umbanda, mas a Umbanda não é uma sessão de Caboclo, não é uma sessão de Preto Velho. A Umbanda é a união de todas as bandas, porque, mesmo sem muito estudo, a Umbanda é onde tu consegue unir todas as bandas, todas as nações, mesmo as nações africanas, numa sessão de Umbanda, numa sessão de Caboclos ou de Preto Velho, pode baixar um Orixá, mas num Batuque não baixa um Caboclo, isso aí é categórico. Por que a Umbanda é uma união de Umbanda? Por que na Umbanda tem o Caboclo, cada um tem o seu lado, o Preto Velho não mora na mata, ele trabalha na Umbanda, tem o lado dele, tem o povo da mata, que são os Caboclos, mas têm aqueles também que não são os Caboclos, são os bugres, são os índios, que também trabalham na Umbanda, tem o povo do mar, o povo das águas, que não são de mata, não são de folhas, mas trabalham na Umbanda, têm as Iaras, tem... e assim tem o povo... Têm os hindus... porque aí entra o povo do oriente, aquela parte da África que não é só dos negros, aquela parte lá dos amarelos, não sei pra que lado fica ali, mas eu sei que é ali, então essas bandas, como eles chamam, é o que forma a união, que tem o nome de união de bandas, Umbanda é uma união de bandas, é uma coisa bem, sabe, bem simples, mas as pessoas não aceitam muito, a gente faz estudo, de lendas e coisa, não tem essa aí... não tem..."

Sobre a Umbanda atualmente:

"Olha o pouco que eu saio, o pouco que eu vejo da Umbanda é muito diferente da Umbanda de quando eu comecei. Começando que a gente usava naquela época o guarda-pó, né. Hoje já é bata, já é saia! Tá! Até aí tudo bem. A gente usava só a roupa branca, hoje já tem roupa colorida, aí eu vou botar uma bata amarela, porque eu sou filha de Oxum, vou botar uma roupa azul, porque eu sou de Iemanjá. No meu tempo não tinha isso, era o Caboclo, era tudo branco, não tinha Iemanjá, Oxum, Iançã, na chamada de Caboclo, isso aí não tinha. Hoje tem. Então a gente simplesmente respeita, mas que era bem diferente de hoje, era. Não vou muito, não caminho, não visito muito por causa disso, não dá..."

Aruanda

"Aruanda é um lado da, da... é uma nação que vem na Umbanda, Aruanda é um lugar, por exemplo, que chama o Caboclo da Aruanda, não é? É a mesma coisa assim... Vamos fazer uma coisa bem aleatória, bem fora do esquema assim... de onde é que tu é? Eu sou lá da Vila Jardim, ah eu sou ali da Vila Brasília, então a Aruanda é isso, de onde é que o Caboclo é? Caboclo é da Aruanda. Preto Velho de Angola, onde é que é Angola, é lá na África, são países, são lugares ou municípios, coisa, em que aquelas pessoas... residem, e tem a sua peculiaridade ela faz aquilo que é feito ali, sabe... ela tem a sua maneira de fazer comida, de se vestir, saiu dali já vai pra outro lugar. Hoje em dia... eu estava lendo ali no livro *O Continente Africano*, muitos países dali já foram, mudaram de nome, então aí quem faz estudo tem que pegar uma coisa recente, porque, por exemplo: Dei é o nome de um pais, como tem Angola, como tem Moçambique, como tem Guiné, tem Guiné e Nova Guiné, esses lugares já mudaram, muitos já mudaram de nome e isso aí existe, só que cada um, em cada lugar, eles falam um pouco diferente, é a mesma coisa que nós aqui do Brasil, saiu aqui do Rio Grande do Sul, vai lá pra São Paulo, não precisa ir muito longe, vai ali pra Santa Catarina, eles já estão falando muita coisa diferente, e na nossa Nação, na nossa religião é a mesma coisa, inclusive os índios, inclusive os índios... Charrua, Minuano... Charrua, Guaiapós, tem muitos índios, esses aqui falam uma língua, esses falam outra, no fim eu acho que... sabe, em muitos lugares nem eles se entendem, e tem os bugres, esses que vivem no meio da estrada, que tem a linguagem deles."

Elementos usados pelos guias

"Sim, olha os Caboclos... Como é que se diz assim, em geral eles fumam charuto, alguns poucos que fumam cigarro, ou então aquela cigarrilha, aquele... as entidades mulheres usam cigarro, porque não é todo o Caboclo que usa, cigarro, cachimbo, né! Fui numa casa, numa festa de índio, tinha que ver o cachimbo do Caboclo, uma coisa enorme. Então eles... não são todos, isso aí depende muito do desenvolvimento, do ritual da casa! E muitas vezes do cavalo, da pessoa, se ela tem algum problema de saúde, aí os Caboclos não fumam.

Serve pra..., por exemplo, tem muito Caboclo, que usa o charuto pra descarregar; ele dá um passe, deixa a pessoa com aquela fumaça pra descarregar ele usa pra fazer o descarrego! Tanto o charuto, quanto o cachimbo ou o cigarro, o palheiro. Preto Velho pega um palheiro, ele faz né! Ele usa isso aí pra fazer a descarga da pessoa, pra dar alguma coisa, que às vezes eles fumam e botam na palma da tua mão, pra tu assegurá, ou coisa assim então o cigarro, o charuto, não é só porque ele gosta de fumar! Aquilo ali faz parte, as ervas também, têm Caboclos que trabalham com ervas, dão passe com ervas, aquilo ali é mesmo que um banho de descarga."

Oferendas de Umbanda

"Bebidas, pembas, mel, e ervas. Oferenda quando era pra... por exemplo assim a gente ia pra... aqui dentro não tinha oferendas, fazia o amaci dentro da terreira, fazia aquilo ali e uma série de bebidas, guaraná, cerveja branca, cerveja preta... cachaça... é o que ia, as pembas para fazer marcação, quando a gente ia para a mata, aí fazia, cada médium fazia a sua oferenda, pro seu Caboclo; oferenda era para Oxum, era quindim, cocada, uma canjica branca, uma canjica amarela, flor, sabe, frutas, usavam muito frutas, e a bandeja que se fazia... a bandeja mais significante que se fazia era quando era do dono da casa, que era o Ogum, era o São Jorge, não era nem Ogum, era o São Jorge, então aí sim, levava banana, levava churrasco, sem corte sem nada, a gente levava... E quando ia pra praia de mar, a gente tinha um barco, e aí a gente enchia o barco de flores, de doces, era cocada, era quindim, era bala, era tudo... perfume, essas coisas, aí a gente levava pra praia, fazia as descargas de sete ondas, que a gente fazia na praia e depois entregava a oferenda da barca... Aí fazia a sessão, terminava ali, encerrava tudo... Isso na época da mãe. E quando eu comecei também essa parte eu continuei."

Rituais e suas energias

"Olha, esses rituais servem como uma fortificação pra pessoa, uma fortificação, porque, pelo menos na nossa casa, fazia banho de corpo, aí fazia assim ó... vinte e sete ervas, suco, nada de chá, não era... Era suco da erva mesmo, e era vinte e sete pro corpo e dezessete pra cabeça, então elas eram separadas, então fortificava o corpo, que aquilo ficava que era um, né... forte mesmo e fortificava a cabeça também, o que era aquilo, uma fortificação do equilíbrio pra que tu pudesse receber a entidade, trabalhar, e aí fazia dentro da casa, depois ia pra mata, na mata a gente sempre procurava uma mata que tivesse pedra, e aí a gente fazia a cachoeira, né. E aí depois ia fazer o cruzamento na mata ou numa árvore bem forte, numa árvore antiga, fazia ali, ou em pedra, tinha aqueles, por exemplo, que pertenciam à linha do fogo, à linha do Xangô, linha da mata, então esses faziam o reforço na pedra, e esse reforço era feito na terra, baixava a cabeça ali, era um lugar apropriado para aquilo ali, aí baixa cabeça, colocava um pano aqui (mostra o pescoço), a erva, e as bebidas. Tudo aquilo a terra que sugava, amarrava a cabeça, aí ficava três dias com aquele banho, às vezes essa pessoa tinha que trabalhar, então botava um chapeuzinho um lenço, uma coisa pra tirar no terceiro dia. E isso tudo... esse reforço, eles eram uma continuidade da entidade, pra ti poder trabalhar, pra tu ter força; então era feito todos os anos."

"... Praia de mar não... Praia de mar entrava na praia de mar, entrava na beira, lá dentro, sete ondas pegava, o axé no corpo, depois então, quando saía dali, aí fazia o axé da Iemanjá, que era champanha, aí fazia na cabeça, mel nas fontes, também passava três dias sem lavar a cabeça, podia ficar o resto do dia na praia, não tinha problema, só não podia ir lá no mar e molhar a cabeça, mas podia ir lá no mar passear, só não podia molhar a cabeça, tinha que ter esse cuidado."

Sobre o ritual de apronte:

"Só o ritual de apronte, aí tinha reforço e tinha amaci, o reforço praticamente era feito todos os anos, digamos, fez, tinha que ser sete trabalhos de reforço... porque depois... Há, há, fez reforço na mata, na praia, na cachoeira fez todo aquele, ah então vamos fazer o amaci, aí vinha fazer o amaci, o Sete (Caboclo, Cacique do C. E. São Jorge e Fraternidade Xangô Caô) molhava toda a cabeça, e o Preto Velho, João Batão, que aí quando eu assumi, foi o João Batão que assumiu a casa, não foi nem a vovó, a vovó só vem pra trabalhar, ele... aí fazia tudo também na erva, ficava aquilo forte assim, que tu olhava assim um monte de erva.

Saía um copo de líquido, e aí ele botava aquele... parecia um mingau, ele preparava com a pólvora, com pólvora nada, com... Pemba, pemba verde, né, da corda entidade... não molhava a cabeça toda com bebida, então aí fazia aquele líquido sabe... aí botava aquilo bem no meio mesmo, aí passava a champanha, botava a erva; a bebida era a champanha, não botava cachaça, não botava vinho, e aí então fazia, botava o pano amarrado na cabeça. E o pano amarrado na cabeça da gente tinha que ser, tinha o que fica embaixo e depois uma trunfa com três voltas; isso aí mudou; com ele esse tipo de coisa mudou, porque o Preto Velho tinha um outro ritual para trabalhar. Ele fazia os pontos, cantava, fazia essa fase do desenvolvimento, mas ele tinha um jeito de trabalhar assim ó, por exemplo tu tem dom de médium e tu vai na minha casa, vai na minha sessão, não tem aquela coisa de ir duas, três vezes, ah, tu tem que ir, é obrigado a entrar na corrente, ele não obrigava, botava sentado nas cadeiras de frente, e aí ele chamava. Todas as pessoas, que entraram comigo e se aprontaram comigo e foram algumas pessoas, se incorporaram na assistência. Foi na assistência. Quando vinha aquela entidade, ele já dizia quem veio, se é que veio, sabe ele não tinha aquele trabalho de rodar, rodar, lá pra saber quem veio, não."

Sobre o cacicado na época de dona Áurea:

"No tempo da mãe tinha o cocar, os índios, por exemplo, o Badu usava, a Cajá usava, quando se aprontaram tinha a Gema, que foi uma das últimas pessoas, uma das médiuns que a mãe aprontou ela era da Iara, Iara da praia, e aí ele pediu, o Preto Velho, não, não foi a mãe não, foi o Preto Velho, que aí ele diz que o aprontamento dela era com,... fazia a coroa de cipó, cipó... Cipó milom, e entre meio do cipó milom botava as rosinhas pequenininhas assim, foi esse o apronte da Gema, e das outras, a coroa de cipó milom e com a folha, eu fiz para a Ramona, pra Irani, que era a do Badu, pra Tupã, pra Rosa, que era do Urubatã, e a Ada? Não, a Ada não cheguei, porque a Ada já veio pra Nação, a Ada já veio com problema, com coisa da Nação e o Batão deu ordem para ela usar aquele penacho todo em casa tudo, então estas pessoas tudo eu que fazia, a Rosa cuidou bastante tempo daquela coroa de cipó milom."

Exus

Sobre Exus: "Aí quando eu comecei a trabalhar, tinha Exu, porque aí eu tinha Exu; eu tinha, porque a mãe, ela tinha uma entidade, Exu da mata, que eles chamavam, aqui dentro, mas ele não vinha muito, vinha lá uma vez, era muito difícil mesmo ele vir, e aí o Calunga vinha pra assumir aquela parte, pra descarregar... Depois que eu assumi, aí a gente passou a fazer a sessão, tinha uma vez por mês... Também não era muito seguido não... A sessão do meu Exu, a sessão dos Exus, é uma sessão igual ás demais, eles vinham, trabalhavam, riscavam ponto, faziam ponto de fogo, quando tinha... pra despachar no cruzeiro, mas não assim de corte, de coisa assim não. Quando fez, eu acho que sete ou oito anos, não me recordo bem a data, o meu Exu, ele ganhou, ele ganhou um quatro pés, não foi... eu não sabia nem o que fazer com aquilo ali, mas aí lógico, têm os mentores que vão te... e daí foram cortados esses quatro pés para ele na rua, não foi cortado dentro de casa, não entrou nada pra dentro de casa, aí ele tinha umas ferramentas, aí foi cortado em cima daquilo ali, só que, quando a obrigação foi levantada, ela foi plantada no cemitério não ficou nada, nada, nada aqui, e aí ele disse que ele estava plantado lá... não precisava mais... principalmente quatro pés, né... ave sim, eu corto uma vez por ano, às vezes passa dois, três anos, às vezes faço só... a frente dele eu sempre faço, e é simples, simples, também faço e já entrego no cruzeiro, na mata, não tem aucutá, não tem vulto. As ferramentas dele estão forjadas na porta da casa."

Sobre as sessões do início ao final

"Bom a sessão aqui, a gente começava, fazia a defumação, depois da defumação entravam as preces, tinha as preces certas para fazer, Pai-Nosso, Ave-Maria, Cáritas... Enfim, e aí já passava pros pontos, aí a sessão era aberta, cantava o ponto de Santo Antônio, e aí a gente fazia assim ó, fazia uma chamada de Caboclos, cantava um ponto e aí chamava todos os Caboclos, aí todos vinham naquele ponto, não tinha assim, cada Caboclo vem no seu ponto, não. Aí tinha o período de passes, depois tinha o período de descarrego, e depois para despachar as coisas, despachar os trabalhos, que usasse ponto de fogo alguma coisa assim, e tinha, quando a gente vinha assim, tinha o trabalho de mata no domingo, na quinta-feira, tinha sessão de desenvolvimento, aí tinha o ponto X para cantar e para ver quem estava firme e quem não estava... A maneira de... na corrente, tirava o ponto 'quem tem guia, guia tem... Meu pai tá no reino... guia tem...' Há, há... e tinha o 'e gira o sol e gira a lua', e vai girar.. e aí só ele vai girar... O Caboclo tem que vir girando... e o Cacique tinha mania, ele botava as mãos nas cadeiras e dizia assim: 'gira pro outro lado... Sem derrubá, sem derrubá' aquele que caísse, ou tem algum problema, tinha que saber qual era o problema, o que aconteceu, o médium tinha que tá preparado... Se acontecesse ele... O problema desconcentração, problema de incomodação, que às vezes a pessoa se incomodava... O médium se incomodava em casa, xingavam o marido, o pai, a mãe, sei lá e vinha pra terreira, só que aí ele não tomava um banho, não fazia uma descarga, não fazia nada, aí ia pra roda na sessão, ah gira, gira... É isso que ele fazia... Esse que era o teste..."

Mãe Eloi, conserva o Centro Espírita São Jorge e Fraternidade Xangô Caô funcionando, ainda nos dias atuais, mantendo a tradição religiosa e dotando generosamente sua família espiritual e simpatizantes de ensinamentos sobre a Umbanda, disseminando assim, a caridade e os fundamentos de Umbanda.

Vovó Benedita: Chefe Espiritual do Centro Espírita São Jorge e Fraternidade Xangô Caô

Mãe Eloi: Mestre Espiritual do Centro Espírita São Jorge e Fraternidade Xangô Caô e sua filha espiritual Mãe Ada de Jurema das matas

ANDREIA:
Centro Espírita de Umbanda Sagrado Coração de Jesus

> Meu sagrado coração de Jesus iluminou a terra e o mar,
> aí vem na Umbanda meu bom Jesus,
> aí vem na Umbanda Pai Oxalá,
> suas sete linhas vêm trabalhando para seus filhos orientar,
> seu amor vai nos guiando,
> de Bom Jesus é o nosso conga,
> de Bom Jesus é o nosso conga

Hoje são vinte e nove de janeiro de dois mil e dezoito. Estamos com a Andreia Godoy de Ávila no Centro Espírita de Umbanda Sagrado Coração de Jesus.

"Eu penso que a Umbanda que a gente pratica, que a gente vivencia aqui, é a Umbanda do Caboclo das Sete Encruzilhadas, aquilo que foi preconizado por ele, aquilo que ele trouxe, né, como os fundamentos lá em mil novecentos e oito, quando ele fez a manifestação dele; então a gente procurou através da Mãe Miguelina, que é a entidade chefe da casa, que fez todo o assentamento e todo o trabalho espiritual dela baseado nesses, nesses, é, nesses dogmas do Caboclo das Sete Encruzilhadas. Claro que no início a gente não tinha nenhuma noção que seria, né, que a Umbanda seria naquele formato ali; ela não chegou e disse:" olha agora eu vou fazer a Umbanda do Caboclo das Sete Encruzilhadas", ela simplesmente chegou e começou a trabalhar, a Mãe Miguelina, da minha falecida mãe."

"Pois então aí nós começamos o nosso trabalho, ela começou antes de mim, uns meses antes, no extinto Abrigo Espírita Bom Jesus de Iguape, que era na rua Rita Barem, numa casa muito parecida com a nossa, que era uma casa que trabalhava Umbanda e Kardec; não tinha trabalho esotérico."

"Trabalhavam com junta médica, e eu, quando era pequena, tive uns problemas de garganta e eu me curei nessa casa, e aí, quando a mãe começou a manifestar a mediunidade, eu tinha uns quinze anos, catorze, quinze anos; ela passava muito mal, ela tinha obsessão, mas relutou muito em assumir, assim, essa espiritualidade dela, e aí lembramos, vamos lá na Rita Barem, a gente chamava Rita Barem, porque era o nome da rua, onde ficava esse centro, e aí a gente foi, e aí o doutor Bezerra de Menezes disse pra ela: "tu não tens nada físico", era o médico que trabalhava com a médium, "não, tu tens mediunidade e tens que ingressar na corrente", e aí ela começou a ir no trabalho... Na rua Rita Barem, que era o Bom Jesus de Iguape... Isso foi em mil novecentos e oitenta e um, se não me engano... Na Tobias Barreto, lá foi a partir de oitenta e sete, lá na Tobias Barreto... Ali a primeira casa em que nós começamos foi aqui nessa rua que era aqui embaixo, na Rita Barem... No Abrigo Bom Jesus de Iguape, ali a mãe ingressou na corrente dali uns meses... É aqui atrás, aqui pertinho... Essa casa era muito antiga... E aí o que aconteceu? Aconteceu que eu tinha quinze anos naquela época, quando eu ia, porque eu queria que a mãe melhorasse, então eu meio que obrigava ela a ir; eu dizia: "não, tu vai na sessão", então todo dia eu chegava do colégio e ela tinha ido na PUC porque ela passava mal, ela tinha uns acessos, uns ataques, que não sabia o que era, e aí o doutor Bezerra tinha dito isto: é uma obsessão. Começou então a desenvolver; então aquilo que acontecia em casa começou a acontecer na corrente; ela passava mal, dava aquela coisa, aquela ansiedade nela; resumindo, ela tinha um obsessor, e o obsessor se manifestou e aí foi pedido que ela fosse rezar missa e orar pela alma; acabou eu indo; eu sempre fui muito metida nessas coisas; aí eu fui, passei uma manhã rezando numa igreja lá, orando pela alma, e ela melhorou de fato; então encaminhou aquele espírito, cessaram aquelas crises, entre aspas, que era mediunidade, e aí ela começou a desenvolver, e eu fui convidada também pra entrar na corrente. Porque eu só ficava assistindo e aí eu achava tudo engraçado, né, e aí (risos) eu comecei assim, meio que na brincadeira assim, não levando muito a sério, assim como enxergando assim a Umbanda, porque eu fui criada na Igreja Católica até os meus catorze anos, quinze. Mas eu já andava assim um pouco perturbada, porque eu já tinha ido procurar uma religião, não era a católica, tinha ido frequentar os Mórmons, os Testemunhas de Jeová já tinham passado lá em casa, e o pai correu com as Testemunhas de Jeová, porque o meu tio, irmão dele, era dessa religião e era fanático, 'não nada de Testemunhas de Jeová, aqui, e biriri e bororó', e aí acabou que quando a mãe começou a ter esses problemas e a gente lembrou dessa casa, eles lembraram, porque eu era criança quando eu me tratei, aí eles foram, e realmente era uma casa muito boa, tinha o mesmo estilo que o nosso aqui, só não tinha esse trabalho... É o mesmo estilo, a mesma linha de trabalho que a gente segue hoje, então era o Bom Jesus de Iguape, inclusive a fundação da nossa casa, não sei se vocês querem que fale isso... Como é que se deu a fundação da nossa casa: a gente estava naquela corrente do Bom Jesus de Iguape... Ah, naquela corrente, nós ficamos uns cinco anos, mais ou menos, e aí em mil novecentos e oitenta e seis nós fundamos o terreiro, em oitenta e seis, no início ali do ano, no dia dois de fevereiro, eu fui na beira do mar, eu estava em Tramandaí, com a mãe, disse: Ah vamos fazer uma homenagem para Iemanjá, e aí fomos, e eu recebi um ponto, que é o nosso ponto de abertura, e aquele ponto veio inteirinho. E aí naquele momento ali, da entrega, não sei se a gente acendeu alguma vela, eu não sei, eu sei que quando eu cheguei na beira do mar eu ouvi o ponto, que é o ponto de hoje aqui. Meu sagrado coração de Jesus, iluminou a terra e o mar, aí vem na Umbanda meu Bom Jesus, aí vem na Umbanda Pai Oxalá, suas sete linhas vem trabalhando, para seus filhos orientar, seu amor vai nos guiando, de Bom Jesus é o nosso conga, de Bom Jesus é o nosso conga; então ele veio inteiro assim, e eu cheguei em casa correndo e escrevi; isso foi em dois de fevereiro, e nesse meio tempo ali, nesse ano anterior... em oitenta e cinco por aí, a casa em que a gente trabalhava o Bom Jesus, nós tivemos que sair da casa da rua Rita Barem, que era de herdeiros e foi vendida; na época o chefe era o seu Vilson, que era o filho dos fundadores da casa, do Bom Jesus, então ele ficou com a casa, e aí conseguimos uma casa que uma médium cedeu aqui na rua de trás... Ele ficou com a casa espiritual...

Com o centro, né, era Abrigo Espírita Bom Jesus de Iguape, e aí botou o Abrigo numa casa cedida, uma casinha de madeira; isso foi no ano de oitenta e cinco, e aí, em oitenta e seis, em fevereiro, eu recebi este ponto e no dia vite e três de abril de oitenta e seis nós fundamos, fizemos a fundação do que é o nosso conga hoje, a Mãe Miguelina, que era Preta Velha com que a mãe trabalhava, veio com a missão, e ela disse: não, ela, a mãe às vezes atendia em casa, por que como ela trabalhava desmanchando magia, e lá eles não aceitavam, pois eram cinco linhas de Umbanda que não podia ter; Exu tu não podia falar, isso aí não se cogitava, né, Xapaná, esses trabalhos de magia que pegam essas linhas assim, eles não deixavam; então, Iansã baixava de vez em quando; era, cigano também; então, a Mãe Miguelina tinha que desmanchar aquelas coisas; ela veio com essa missão; não se fazia nada com sangue, nunca se fez, mas desmanchava de outras formas, com outros elementos da natureza, e ela fazia embaixo do banquinho dela, até que um dia o Preto Velho chefe disse: "Não, não dá pra trabalhar assim e tal", aí ela (Mãe Miguelina) disse: "então eu vou me retirar e eu vou atender na casa do meu aparelho" mas nós continuamos no Bom Jesus, e ela passou a atender lá em casa. E lá em casa eu tinha um conga, porque eu sou protegida por Oxum, então, quando eu tinha meus quinze anos, a primeira imagem que eu botei né, no pé da minha cama (eu tinha um altarzinho) foi Oxum, e dali eu comecei a botar outras e outras imagens, e daí a Mãe Miguelina aproveitou e fez um congazinho, aí fez um conga lá em casa, mas nisso a gente atendia, trabalhava no Bom Jesus, e eventualmente os pacientes que não podiam ser atendidos tinham que desmanchar coisas de magia, tinham que ser atendidos lá em casa, então mandava pra lá, e já estava virando, meio que uma sessãozinha lá. Mas de qualquer maneira nesse mês de abril ela já tinha pedido que a gente fizesse numa pecinha que tinha nos fundos, a peça tá mudada, mas o local ainda existe, um fundamento, uma fundação ali, o que seria um terreirinho pequeninho, né, porque era uma pecinha assim, de dez metros quadrados; aí a gente fez, assim com a base, tudo como ela nos ensinou a fazer. Eu e a minha mãe. E aí nesse meio tempo o Abrigo Espírita incendiou, foi bem assim, incendiou... E era aqui pertinho. Então, ele incendiou e os médiuns ficaram sem ter onde trabalhar. E nós nesse meio tempo estávamos montando nosso congá, nessa peça lá em casa. E a mãe era uma pessoa muito leal, ainda ficou com o chefe do Bom Jesus, senhor Wilson, lá mais um tempo atendendo no Kardec, numa casa que o seu Wilson arranjou, conseguiu uma peça emprestada nessa casa, que era de batuque, então eles faziam a sessão de Kardec do Bom Jesus, para atender os pacientes que precisavam, e lá pelas sei lá seis da tarde, o pai de santo ia lá e tocava o sino, então dava umas energias assim em choque... e como a Mãe Miguelina estava preparando o conga dela, deu assim um tempo, alguns médiuns pediram pra trabalhar lá em casa, foram vinte e um médiuns, que começaram então a trabalhar junto conosco quando a gente abriu lá o Sagrado Coração de Jesus, lá em casa, nessa peça pequena, na Tobias Barreto, foi depois na Martins de Lima sessenta e dois, no Partenon; e aí começou ali, a gente fazia a sessão, e a mãe continuava atendendo ainda com o seu Vilson, ela ainda continuou um tempinho, aí depois ela disse: "Não, agora não vou mais..." E ele também achou que estava demais aquilo, aquela mistureba lá, na casa do pai de santo e mais o Kardec, que não estava dando muito certo; ele resolveu ir para outro lugar, e aí se desfez né, se dispersou o Abrigo Espírita Bom Jesus de Iguape, e a mãe acolheu então aqueles médiuns, e eu, por consequência também, e o nome do nosso Centro, Sagrado Coração de Jesus, é justamente um ponto, aquele que eu recebi lá na praia... Sim, já tinha toda uma organização espiritual, porque foi um encadeamento..."

Sobre sua função no Centro atualmente e sobre entidades que trabalhavam com dona Terezinha, sua mãe carnal.

"A minha função hoje é a direção, material e espiritual, porque a mãe, como ela trabalhou com a Mãe Miguelina, por mais de trinta anos, eu sempre a acompanhei... Ela trabalhava com a Mãe Miguelina, com Cacique Oxóssi, chefe espiritual de desenvolvimento, e trabalhava com o doutor Maurício, na junta médica. Também, quando entrou a linha do oriente, uns anos depois, trabalhava com Irmão João de Nazaré, e com a cigana Zana, que era a entidade da rua, que é uma cigana da linha de rua."

Como é o trabalho espiritual no Centro Espírita e sobre quem são as entidades desenvolvidas.

"Caboclos, Pretos Velhos e crianças e exus de guarnição! Eles são os guardiões, eles não trabalham dando consulta... Eles vêm no dia do descarrego, que é a sistemática do trabalho, nos mesmos moldes do Bom Jesus, porém com as linhas que a Mãe Miguelina trabalhava também; Mãe Miguelina sempre deu abertura para o povo da rua para os descarregos, para as limpezas, para desmanchar trabalhos de magia. E ela tinha todo um trabalho peculiar dela, que ela fazia, então por que eu sei tanto assim do trabalho dela? Porque a vida inteira fui eu que acompanhei ela desde a primeira vez que a Mãe Miguelina esteve em terra com a minha mãe, até o último dia que a Mãe Miguelina esteve em terra com a minha mãe, eu estive junto, então faço todo o trabalho assim como ela me passou, tudo que ela me ensinou, porque foram mais de trinta anos, a terreira vai fazer trinta e dois anos; nós vamos fazer trinta e dois, agora já (risos) em oitenta e seis, é trinta e dois, nestes trinta e dois anos sempre eu fui cambona da Mãe Miguelina, fora o meu trabalho mediúnico! Já trabalhei com Preto Velho, já trabalhei... com todas as outras linhas, né! Mas sempre fui a que esteve junto com ela!"

Relato sobre os rituais da casa, sobre os cursos oferecidos e quem ministra.

"Os nossos rituais são os rituais que a gente pratica da Umbanda! Os normais, que é a abertura de trabalho, que tu faz a defumação, tu faz a limpeza do ambiente, tu faz primeiro a batida da cabeça, a colocação da guia, as orações; depois têm os fluidos que se passa; em casa o médium tem que fazer o banho de descarga; isso tudo faz parte da ritualística do dia a dia; depois a incorporação, que também faz parte da nossa ritualística; fora isso, têm as outras partes, que também têm a sua dinâmica; a gente não diz rituais, mas, por exemplo, o Kardec tem a sua dinâmica da incorporação, do atendimento, porque não é receitista; ele é receituário médico, mas com o médium incorporado; nosso trabalho mediúnico aqui é de incorporação, do oriente também; tem o atendimento, que é energização com os chakras, e o trabalho que a gente implantou faz dez anos, que é a Apometria, que é uma técnica vinculada ao desdobramento dos corpos, e a gente atende ali desmanche de magia, desobsessão, ressonâncias do passado, situações familiares cármicas, dissonâncias de diversas naturezas; isso tá passando por um processo, porque isso tem que ter bastante estudo; então nós temos quatro grupos hoje de Apometria, com cinco a seis médiuns cada grupo; atendem encaminhados pelo Kardec, que antes era o doutor Maurício que encaminhava e eu que cuidava da parte administrativa da Apometria e doutrinária também; eu sempre trabalhei na parte doutrinária; a parte doutrinária e toda a organização dos cursos que o terreiro oferece sempre foi uma função minha, sempre... Nós temos um curso anual de Umbanda, fazemos um curso de Mediunidade, fazemos agora um curso de Apometria; são os três cursos que temos."

Por que surgiu a Apometria?

"A Apometria surgiu porque chegou um certo momento, a mãe trabalhava com a cigana Zana, e a cigana Zana fazia muitos trabalhos, desmanchava muitas coisas de magia e tirava obrigação, lavava a cabeça das pessoas, né; a Mãe Miguelina encaminhava para ela, para ela ir limpando essa energia também, e equilibrar o carma dela, né; então a cigana Zana, pra evoluir também, começou a liberar seu carma através desse desmanche de magias, limpando as cabeças, e ela passou um bom tempo fazendo isso, e eu ajudava; a gente fazia isso e tal, e chegou determinado momento, ela conseguiu ascender um pouco, então a Mãe Miguelina disse: 'Agora o terreiro não vai mais fazer essas limpezas, chegou o momento em que ninguém mais vai limpar a cabeça; encerramos isso', e a Apometria veio justamente para atender essas e outras questões de magia, que têm a ver, claro, com a baixa magia, mas também com os outros níveis de atendimento; por exemplo, uma desobsessão que tu leva às vezes um ano fazendo num trabalho kardecista normal, na Apometria tu resgata com maior rapidez isso, né, as incompatibilidades de família, então, tirando a parte de magia, entram essas outras questões, que a gente começou a ter uma outra visão, que às vezes a pessoa vem tomar um passe, faz o passe de corrente, consulta com o Preto Velho, mas aquilo ainda tem problemas no inconsciente dela, que ela vai melhorar um tempo, mas ela vai se sabotar de novo; então o trabalho da Junta Médica faz essa anamnese; eles verificam, fazem esse diagnóstico, e dizem: olha tem um problema aqui que é kármico, como é que a gente pode ajudar, esse carma pode ser melhorado, pode ser dissolvido, como é que a pessoa vai encarar isso. Nós mesmos ministramos, os médiuns que fazem a Apometria. Nós temos uma equipe doutrinária, nós temos as palestras, nós temos uma equipe que faz as palestras na segunda, o pessoal do Kardec que faz no sábado e na quarta, nem que seja a oração, tem que fazer sempre nas aberturas, e uma equipe que faz o trabalho da Umbanda, o curso da Umbanda, o curso da mediunidade, e o curso da Apometria, nós temos, então, pessoas engajadas nisso."

Rituais da casa

"São esses rituais do dia a dia, a gente tem o reforço que é o amassi, no meio do ano, e nós temos um reforço, que é com a linha da água, que é no final do ano; eventualmente, quando é solicitado, a gente faz algum trabalho na mata ou no rio, no rio a Mãe, Cabocla Indaiá é a entidade que trabalhava com a mãe entregou já os trabalhos lá no rio pra Mãe Oxum; então a gente se liberou desses trabalhos; os trabalhos são feitos aqui mesmo no terreiro e depois os médiuns fazem então as entregas; oferendas, a gente não faz mais oferendas como se fazia antigamente, a gente faz tudo aqui, a Mãe Miguelina deixou uma cartilha... pra gente seguir."

Oferendas

"Fazíamos... A gente fazia oferenda com frutas, oferenda com velas, com flores, nunca com animais nem com sangue, alguma coisa assim, quando precisava reforçar um trabalho mais e tal, fazia assim: botava uma carne cozida; alguns trabalhos a Mãe Miguelina ainda fazia, algum tipo de trabalho que precisava assim botar algo específico, muito específico pra saúde nas linhas de Xapanã, alguma coisa de carne, mas era muito raro, né; um tempo depois não fez mais; isso aí é o trabalho evolutivo dela também, se liberando daquilo, e chegou um momento que antes a gente atendia com Pretos Velhos e Caboclos nominalmente, exemplo o Pai João, a Mãe Maria, o Pai Jacó, cada um tinha suas fichas separadas; aí chamava ficha pro Pai João, pra Mãe Maria, etc. e faz uns dois anos que não é mais assim. Sempre foi uma meta minha fazer uma ficha corrida, não ter mais o personalismo, então a pessoa não escolhe a entidade, mas pra isso nós tivemos que preparar o Terreiro, porque todos têm que falar a mesma linguagem, porque no nosso trabalho da linha do Oriente é assim; no trabalho do Oriente tu vem e recebe atendimento de energia com qualquer entidade, porque eles estão na mesma frequência; a Umbanda é diferente: as entidades têm frequências diferentes, certo, mas tu podes fazer um atendimento com a linha de Preto Velho, que eles vão saber trabalhar aquilo que foi pedido, né, e vão saber encaminhar; então precisa do quê? Treinamento, aí a gente fez, nós passamos mais de um ano fazendo isso... Equalizando os atendimentos; sim, nós fizemos uma cartilha, a Mãe Miguelina fez uma cartilha de como é que as entidades iriam atender; isso foi feito pra gente poder fazer esse rodízio de entidades; isso antes de a mãe desencarnar."

Quais são os dias de trabalho na casa?

"Nossos dias de trabalho; todas as segundas, as quintas-feiras é trabalho interno..."

O que são os trabalhos internos?

"São os desenvolvimentos mediúnicos. E a descarga geral da Terreira, são às quintas-feiras. E os cursos são também nas quintas; das dezenove e trinta até as vinte e trinta fazemos cursos, depois então começa o desenvolvimento até as vinte e duas horas, nós temos ali um alvará até às vinte e duas e trinta; cada dia é um desenvolvimento mediúnico; então é Umbanda, é Kardec, é trabalho do Oriente. A Apometria é sexta-feira, uma vez por mês, são dois grupos, e quarta-feira, dois grupos, uma vez por mês; desobsessão e magnético, uma vez por mês na quarta à noite; de quinze em quinze dias, na quarta de tarde, o trabalho da junta médica e de quinze em quinze dias, no sábado, alterna, quando não é na quarta é no sábado, né, e um atendimento do Oriente numa terça no mês; é bastante trabalho, a gente diz assim, mas quando tu vê."

Sobre o endereço atual e antigo do centro.

"Aqui é João do Rio, quinhentos e vinte e cinco. Na minha casa era na Martins de Lima, depois foi pra Tobias Barreto... Na Tobias, a gente foi em oitenta e oito, eu acho, noventa e um, mais ou menos, é sim. Antes até, acho que em noventa, porque em noventa e um a minha filha nasceu e já foi batizada aqui, não, foi na Tobias, lá a gente tinha muito trabalho, muito ritual de magia, de desmanchar magia, com tudo que tinha que ser, né, com os elementos mais materiais, então se fazia tudo..."

Sobre desmanchar magia, com mais elementos, e que elementos são esses.

"Os elementos de desmanchar magia, coisas que tu precisa... Pólvora faz parte... é um elemento de limpeza, mas não era pólvora, eram elementos de oferenda, por exemplo, vai fazer uma oferenda, uma pessoa está precisando de um trabalho na linha de saúde, pra falange de Oxóssi, na linha de Oxóssi, o orixá e tal, e aí faz trabalho com fruta, com vela, com vinho, monta a bandeja, passa, né, aquela pessoa traz e aí tem que despachar... Até não passa na pessoa, passa ali a energia, acende a vela e despacha; eram muitos trabalhos materiais... Ah, vai ter que fazer um trabalho pro Povo da Rua; se fazia muito trabalho pro Povo da Rua; aí tem que despachar; às vezes o conga estava cheio de trabalhos, tinha que ir no cruzeiro despachar; isso a gente fez por um bom tempo. Por isso que... mas a natureza não dá saltos, né. A gente tinha um tipo de energia que já estava ali, tratando e trabalhando, e era necessário naquele tempo, e aí a gente foi mudando... não é uma evolução simples não; a gente foi se adequando ao trabalho, melhorando e liberando também aquela carga toda e aí fomos aprendendo também a dominar a energia, a entender um pouco mais de magia, começando a fazer os estudos, que estudo é importante, tanto que na Apometria hoje tu faz trabalhos de magia, desmancha coisas só no campo astral; não vai mais na beira do rio, num cruzeiro, não vai mais no mato, tu não vai na água; tu vai astralmente, tu vai em desdobramento, e é isso."

O que é Umbanda (concepção, experiência, estudos e sua prática)

"Umbanda é um caminho espiritual como outros caminhos; ela é uma religião natural; se a gente for pensar assim, ela é uma religião, porque existem dogmas, existem preceitos, mas eu encaro assim: a Umbanda como uma grande mãe, pra mim assim ela é universalista, porque a Umbanda absorve todas as crenças; tu pode ver um católico aqui, um evangélico vir aqui, como já veio, evangélico sentar, se doutrinar, fazer até curso, e seguir na Igreja Evangélica, conhecer. Ela, a Umbanda, não tem o ser demoníaco, mau, ela sempre busca o bem das pessoas, liberando as pessoas de certos comprometimentos cármicos, comprometimentos na baixa magia; então essa é a grande função pra mim dela, até que a gente consiga limpar um pouco o planeta, daqueles desequilíbrios que nós mesmos criamos, né; quando a gente ainda é muito egoico, a gente tem o ego muito sobressaliente, nosso ego quer mandar em tudo, a gente quer dominar a tudo e a todos, a gente usa muitas artimanhas e artifícios, e a magia é um campo de poder; ela nos traz isso, então tu quer dominar, nem que seja através das forças naturais que tu não enxerga, mas que estão ali, que são naturais; elas não são sobrenaturais, elas agem no mundo, e quando tu queres isso, tu vai ter que pagar um preço disso, porque tu desequilibrou alguma coisa que tinha um ritmo natural, então tu corrompeu um sistema natural, uma evolução natural, então tu é responsável por aquilo, e aí todas as leis vão convergir pra aquilo, é uma ação e uma reação, vai ter o choque do retorno, como a gente chama na Umbanda, que é uma lei natural; tudo que tu faz tem o teu endereço vibratório, vai retornar pra ti mais cedo ou mais tarde; pode demorar três encarnações, mas vai estar ali guardado, por quê? Porque não é o que está no outro, é o que está em ti. Então a Umbanda, eu vejo que ela é assim uma grande educadora de nós todos que estamos passando; nem todas as pessoas precisam passar pela experiência da Umbanda; não creio que todos precisem, como médium, mas a Umbanda está para o planeta, ela é uma organizadora das forças do planeta, ela é uma sustentadora, ela é uma forma que o Caboclo trouxe da gente... Não é cultuar só os orixás, ou endeusar os Caboclos, ou eles é que vão resolver a vida das pessoas; é de nos ajudar a nos tornarmos pessoas melhores e o mais natural possível, que tudo flua naturalmente, que o equilíbrio seja natural, então eu vejo isso com clareza, a gente não precisa fazer grandes coisas, ao passo que tu vai e que tu já limpou aquela parte mais negativa do teu ser, e a Umbanda ajuda muito nisso; tu vai liberar tuas asas para tu poder alcançar outros voos, mas o planeta ainda precisa servir para outros fazerem isso, e esse é o grande lance da Umbanda; ela tá ajudando as pessoas a levantarem e abrirem as asas, a se liberarem dessas cargas densas; eu tenho comigo, e isso eu já falei até para um rapaz que é de Caxias, que é excelente, que escreveu um livro sobre Umbanda, que eu acho muito interessante, ele trouxe a Umbanda e a Teosofia, e eu disse pra ele: 'Eu acho que a Umbanda, ela está para o planeta Terra até o tempo que planeta Terra precisar dela', ela pode ser que nem o budismo, quando tu alcançar a iluminação, o budismo já se extinguiu, porque tu já és aquilo; a mesma coisa é a Umbanda, sabe: tu não precisa fica querendo que ela seja alguma coisa a mais; ela é o que ela é, e tu tens que te achar dentro desse caminho; por isso a Mãe Miguelina, nossa Preta Velha, sempre dizia: a Umbanda, a caridade, porque Umbanda é caridade, desinteressada; se faz até embaixo de uma árvore; em qualquer lugar, tu pode fazer a caridade, e ela dizia assim: aqui todos são livres, quem não quiser mais seguir esse caminho, desse terreirinho, pode bater a cabeça e ir embora, não tem vínculo nenhum, por quê? Porque quando a gente ama a gente libera; então ela era só amor, sempre foi só amor, mas, mesmo no amor, com amor ela ia tratando as criaturas diferentes, em vários estágios, com suas dores, porque tu não pode falar é aquilo que a gente sabe, como é que tu vai falar de educação, de filosofia para uma criança que está passando fome? Tu não vai conseguir alcançar teu objetivo; primeiro tem que alimentar o corpo, pra que ela preste atenção, pra que ela se concentre naquilo, pra que a tua mensagem seja ouvida, e é esse o trabalho da Umbanda; pra tu falar do espírito, primeiro tu tem que equilibrar um pouco a matéria, porque a pessoa está vivendo neste plano, e é neste plano que ela vem evoluir, então é neste plano que a Umbanda vai tratar, para que tu possas enxergar além, e a Umbanda é maravilhosa, eu sempre comparo ela a uma árvore; eu digo, a Umbanda é uma árvore; ela tem raízes profundas, escuras; ela vai lá embaixo, no escuro do ser, pra que o mais lindo e pleno do ser possa estar brilhando na luz; tudo é o ser; então é aquela escuridão, que muitas vezes sustenta pra tu ser aquela planta, aquela árvore florida... é isso. Umbanda pra mim é vida."

Refletindo sobre a maneira de fazer Umbanda, pelos seus estudos sobre as décadas de vinte e trinta, e pela sua experiência dos anos oitenta para os dias de hoje.

"Eu não sei, acho que as pessoas estão apurando mais o sentido da Umbanda, acho que quando ela começou lá ela tinha um propósito, que era o propósito específico de acolher aqueles espíritos e dar encaminhamento para a mediunidade daquelas pessoas que incorporavam Pretos Velhos e Caboclos e precisavam, e atender as pessoas mais simples; esse propósito era no início, era essa a visibilidade; era época da fenomenologia; então se fazia muito isso; depois se tentou, assim, dar uma roupagem, como uma coisa mais palatável, assim para a classe média, pra não ser uma coisa assim, mesma coisa, como se considerava, e ainda se considera com preconceito com as religiões afro-brasileiras; isso é coisa de magia, é macumba, é feitiçaria, coisa de baixa energia, isso é coisa de pessoa baixa; então tem esse ranço social nisso, mas a Umbanda tentou, em certo momento, os teóricos da Umbanda, ou as pessoas que trabalhavam, dar um encaminhamento assim, que a espiritualidade achou uma forma de sustentar essa Umbanda, e era necessário mesmo, e o propósito era esse."

Hoje o propósito continua sendo o mesmo?

"Sim, o propósito continua sendo dar essa visibilidade, melhorar, mas nós temos muito mais agora com os meios de comunicação, com a Internet, com a facilidade, que as pessoas entendam o que estão fazendo; nesse aspecto melhorou muito, porque as pessoas antigamente faziam isso automaticamente, porque elas viam o milagre, porque era uma época de resultados, para a Umbanda ter uma afirmação; então ninguém se perguntava ou estudava; começaram a ter um entendimento doutrinário depois da década de quarenta, e as pessoas a pesquisar, a editar livros, e aí foram vários autores tentando entender, e colocando a sua forma de enxergar a Umbanda; então, ao longo desse século passado todo, ela tentou, né, e várias pessoas tentaram assim que ela fosse de um formato, só que ela não tem um formato pra todos, ela não tem uma bíblia, ela não tem uma fórmula, um livro básico; ela tem um preceito que é do Caboclo das Sete Encruzilhadas, evangelizar, seguindo o Evangelho de Jesus; esse é o preceito; são cinco na verdade, que a gente sabe, que são os cinco postulados da Umbanda, que é trabalhar a mediunidade, ter as sessões para o atendimento da caridade, não cobrar, não matar e evangelizar. Então essas, esses preceitos tu seguindo, tu não precisa ter tambor, tu não precisa ter roupa colorida, tu tens que fazer a prática da caridade, como o Caboclo preconizou. Então é isso, acho que ela está num momento de muita exposição assim, mas no sentido mesmo de conhecimento, acho que isso é benéfico, mas a gente tem que saber o que cada casa tem como sua meta espiritual, porque ela não é uma religião como as outras religiões, o hinduísmo, o budismo, o islamismo, mesmo de massa; ela é muito pontual, pras comunidades, ela é quase como uma religião familiar, um clã, ela é assim, esse é o formato, são pequenos núcleos e cada um faz o seu trabalho para acolher essas mediunidades, pra dar esse entendimento da espiritualidade.

Não tem uma linha mestra que seja comum a todas? Tem, essa que o Caboclo das Sete Encruzilhadas trouxe."

Todos seguem?

"Não, alguns têm outros entendimentos. Tudo é Umbanda? Se formos dizer, ó, tudo que o Caboclo disse, é assim que tem ser e vai ser Umbanda, aí nem tudo é Umbanda, mas como tem essa diversidade... tem casa que não mata, não sacrifica, não corta, mas tem lá o tambor, é Umbanda. Têm alguns, umas variantes de Umbanda? Tem. Tem 'Umbandomblé', tem. Mas não é aquela Umbanda que a gente segue como sendo autenticamente, aquela que o Caboclo veio trazer, porque aquilo que ele veio trazer é justamente isso, é separar essas práticas que levam trabalhos de magia com sangue, dessas outras práticas, né."

Falando sobre o Caboclo das Sete Encruzilhadas

"O Caboclo das Sete Encruzilhadas foi o fundador da Umbanda; em mil novecentos e oito, ele se manifestou num jovem, tinha dezessete anos, que era Zélio Fernandino de Moraes; a família tinha um conhecimento, estudava um pouco o espiritismo, o espiritismo veio pro Brasil no século dezenove; já lá em mil, oitocentos e setenta, foi fundada o centro espírita, e aí aqueles espíritos que não podiam se manifestar na mesa branca kardecista, acabavam se manifestando de uma forma que se chamava as macumbas; o Rio de Janeiro tinha muito isso, que eram Caboclos, eram Pretos Velhos, eram espíritos que se manifestavam pra fazer curas, pra fazer magias, diversos atendimentos, e aí o Caboclo das Sete Encruzilhadas, pelo movimento astral de Umbanda, que se fala, que o movimento astral de Umbanda, que é o movimento espiritual, sustentou então as linhas para que a Umbanda viesse, ou seja, Caboclos, Pretos Velhos e crianças, que são as linhas da Umbanda, as linhas chaves da Umbanda; Caboclos, Pretos Velhos e crianças, Caboclos que são os índios brasileiros, ou mestiços brasileiros, Pretos Velhos que depois trouxeram os orixás e as crianças; o exu vai ser depois que vai entrar, quando entram os orixás, quando o Caboclo veio e anunciou que estava fundando uma nova religião, em mil, novecentos e oito, no dia dezesseis de novembro, ele não falou em orixás, disse que ia acolher todos os espíritos que tivessem que se manifestar, que Deus tinha dado um grande nivelador universal para todas as pessoas, que era a morte; na morte tu és igual, todo mundo se iguala, e então os espíritos daqueles que foram índios e que foram

Pretos Velhos viriam com essa missão, pra ajudar então, e a separar; então não poderia ter matança, teria que ter sessões organizadas até as vinte e duas horas; o estudo doutrinário. Os pontos de força da natureza seriam então: o altar sagrado da Umbanda, que estão ali os pontos de força, entra a energia dos orixás, por quê? Porque os escravos africanos trouxeram isso, porque tem toda uma relação sincrética de santo católico com orixá, mas o orixá, ele é representado nos seus pontos de força, comanda uma energia elemental nos pontos da natureza, então isso... é isso."

O Centro Espírita Sagrado Coração de Jesus, continua sua missão, hoje com Andreia e sua corrente mediúnica que levam a uma infinidade de pessoas caridade e conforto espiritual dando continuidade a trajetória de dona Teresa, sua mãe.

Seu Rubens, na esquerda, Andreia ao centro, D. Teresa (*in memoriam*) à direita, fundadores do Centro Espírita de Umbanda Sagrado Coração de Jesus

Mãe Maria das Palmas, Chefe espiritual do Centro Espírita de Umbanda Sagrado Coração de Jesus

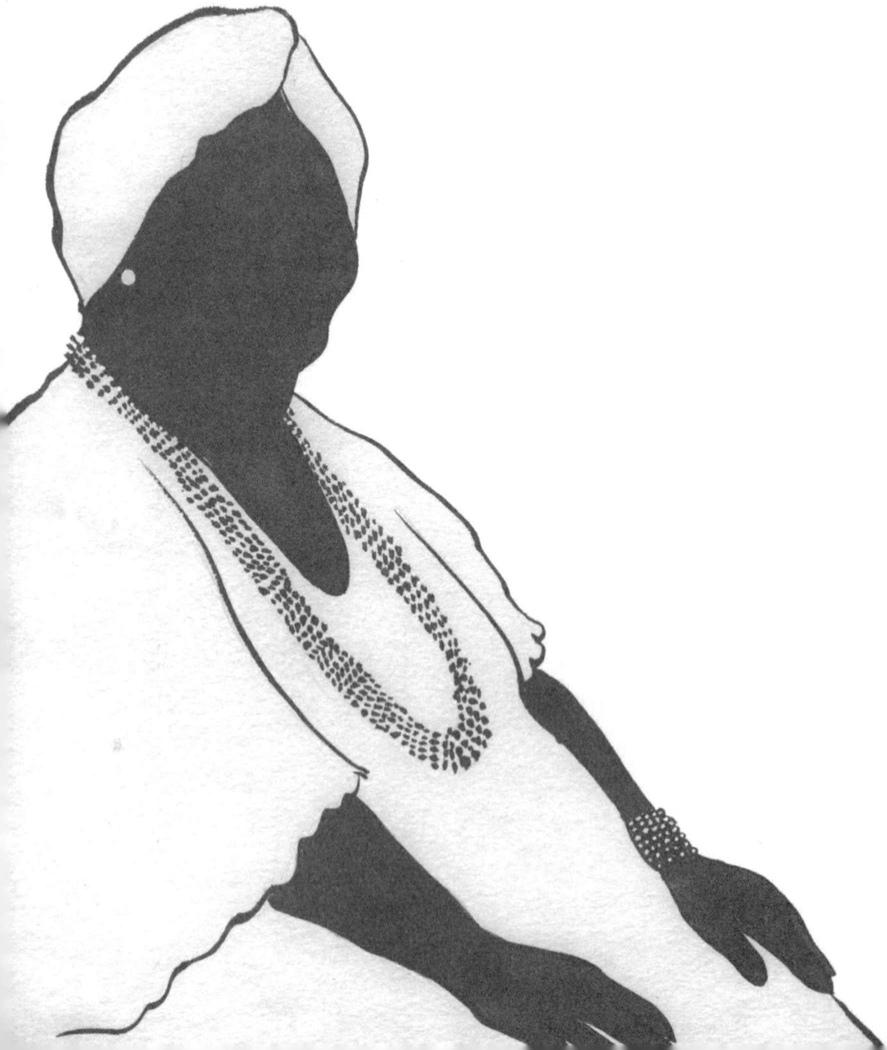

PAI MARINO:
Centro Espírita de Umbanda e Religião Afro-brasileira Pai Ogum Beira-Mar, Caboclo Aimoré e Pai Xapanã

A sua espada brilha ao raiar do dia
Seu Beira-Mar é filho da Virgem Maria
A sua espada brilha ao romper da aurora
Seu Beira-Mar é filho da Nossa Senhora
Mas ele vem beirando areia
Seu Beira-Mar é filho da mamãe sereia BIS
Mas ele vem beirando areia
Seu Beira-Mar é filho da mamãe sereia

A Umbanda

"Eu nasci dentro da Umbanda; minha mãe era Umbandista pura (linha branca) e kardecista; ela tinha por costume batizar seus filhos na Umbanda, por isso, quando eu nasci fui batizado pelo Cacique Sete Flechas, da terreira da dona Áurea, que fica no bairro Bom Jesus, na rua Carumbé; existe até hoje sob chefia de Mãe Eloí de Xangô, filha carnal de dona Áurea. Durante minha infância eu e meus irmãos acompanhávamos minha mãe nas sessões de Umbanda que ocorriam nas segundas-feiras à tarde, às quinze horas. Lembro-me que os médiuns, na sua maioria senhoras, vestiam um avental branco e longo que cobria até as canelas, pés descalços. Usavam uma, duas ou três guias (colar de segurança) no máximo. Tinha defumação de brasa para a corrente de médiuns e em toda a assistência; passavam também um fluido, mas somente na corrente de médiuns, faziam as orações e os pontos cantados eram sem tambor. Incorporavam muitos Caboclos índios provenientes da linhagem guarani e tupi-guarani, conforme nos explicava a minha mãe. Os Caboclos assobiavam e assumiam posturas como se fossem índios flechando ou lançando; para nós, crianças, pareciam todos brabos, porque eram sérios. Sendo assim, não me lembro de ver, naquela época, Caboclos e Caboclas chamados de Xangô, ou Oxum, por exemplo; eram Caboclos da linha de Oxóssi denominados por: Aimoré (Caboclo de luz que acompanhou minha mãe até seus últimos momentos na terra), Sete Flechas, Tupinambá, Oxóssi da Mata Virgem, Jurema Flecheira, Jureminha, Jandira, Guacira, Jupira, Javali, Badu, Arranca-Toco. Após a chegada desses guias iniciava-se o passe, primeiro os adultos, senhoras e depois os senhores, e finalmente o momento mais esperado por mim, meus irmãos e todas as crianças presentes: o passe das crianças. Sob cânticos de pontos de Cosme e Damião as crianças faziam uma grande roda no meio do salão, os Caboclos dentro da roda davam o passe e após entregavam para cada um guloseimas: balas, pirulitos, bolo, merengue, enfim o que tivesse naquele dia que era trazido pelos médiuns e pessoas da assistência. Por volta das dezessete horas se encerravam os trabalhos. Anos mais tarde, quando eu já estava com vinte e três anos, entrei para a Umbanda numa casa chamada Cacique Pery e Oxalá. Nessa casa eu desenvolvi na Umbanda e após dez anos eu resolvi entrar para o lado da Nação (batuque). Na verdade, eu sempre gostei muito da Umbanda, mas por imposição de meus guias e porque a casa onde eu me aprontei na Umbanda tem o batuque também, com o tempo eu resolvi fazer minha iniciação no batuque. Hoje eu já me aprontei com todos os axés necessários e abri minha própria casa."

Os Caboclos da Umbanda

"Os Caboclos são espíritos de luz, alguns com existência milenar, com origem diversa: índios tupi-guaranis, guaranis, tupinambás e os orientais, indianos, médicos ou Caboclos do sertão. No entanto, estão em constante evolução, sendo uns mais evoluídos que outros, todos buscam a luz através dos trabalhos de caridade. Um espírito que trabalha na Umbanda vem representando as linhas e sob orientação de um orixá.

Sendo assim, um Caboclo que vem na linha de Ogum traz a força e a vibração desse orixá (espírito elementar da natureza), que é a própria energia da forja, do ferro e do aço, por isso dono da faca e da espada, também é considerado Deus da guerra; sua cor é o verde e vermelho, seu dia da semana é quinta-feira, na Umbanda Ogum responde nas cores verde-branco-vermelho. No caso do Ogum de praia (Beira-Mar, Sete Ondas e Iara), acrescenta-se a cor azul, ficando quatro cores. É considerado o rei da Umbanda.

Na linha de Caboclo, os espíritos trazem a vibração de Oxóssi da mata, que está sob a energia de Odé/Otim, ligados à energia da mata, da caça, da sobrevivência, sua cor é o azulão e o branco, seu dia da semana é sexta-feira, mas na linha de Umbanda Oxóssi responde na cor verde, verde e branco, ou verde e amarelo e branco no caso da Jurema. Na linha de Xangô a vibração é da justiça, do fogo, da pedreira e da cachoeira; sua cor é o vermelho e branco ou marrom, dia da semana terça-feira; as cores com que Xangô responde na Umbanda são as mesmas, sendo que em geral usa-se mais o marrom.

Na linha de Iançá, as Caboclas trazem a vibração do vento, da energia de renovação, também da guerra; sua cor é o branco e o vermelho, seu dia da semana é terça-feira; na Umbanda responde nas mesmas cores.

As mães-d'água são Caboclas da linha de Oxum e Iemanjá; Oxum é a energia dos rios das águas doces, tem poder sobre a fecundidade, o ouro é o seu elemento, por isso dona da riqueza e da prosperidade, também dona do amor; sua cor é o amarelo, seu dia da semana é o sábado. Na Umbanda são as mesmas cores. A mãe Iemanjá é mãe de todos os orixás e de todos nós, por isso sua caracterização é a maternidade, seu elemento são as águas dos mares e oceanos, sua cor é o azul e seu dia da semana é sexta-feira. Na Umbanda são as mesmas cores.

Na linha de Ogum temos: Ogum Megê, Ogum Megê das Almas, Ogum de Aruanda, Ogum da Serra Negra, Ogum de Lei, Ogum de Malê, Ogum Matinata, Ogum da Bandeira, Ogum Sete Espadas, Ogum da Lua, Ogum Naruê, Ogum das Matas, Ogum Rompe-Mato, Ogum Rompe-Nuvens, Ogum Rompe-Ferro, Ogum Rompe-Aço, Ogum Sete Matas, Ogum Sete Daliras, Ogum Sete Ondas, Ogum Beira-Mar, Ogum Iara.

Na linha de Oxóssi temos: Oxóssi da Mata Virgem, Aimoré, Pery, Tupaiba, Penas (branca, verde, dourada, amarela, preta), Arranca-Toco, Junco Verde, Tupinambá, Tupimirim, Urubatão, Guarani, Tupy, Sete Flechas, Ubiratã, Caboclo Ventania, Supremo da Montanha, Ubirajara, Javali, Caboclo da lua, boiadeiro, Arapuí, Japiassu, Rompe-Folha, Rei da Mata, Flecheiro, Folha Verde, Tupiara, Tapuia, Serra Azul, Paraguaçu, Sete Encruzilhadas, Badu, Jurema Flecheira, Tibiriçá, Cobra Coral, Arariboia, Arruda, Jureminha, Jupira, Guacira, Jacira, Iracema, Acuré, Bugre, Guiné, Gira-mundo, Jupuri, Uiratan, Alho-d'Água, Caboclo Roxo, Laçador, Tira-teima, Ventania.

Na linha de Xangô: Xangô do Fogo, Xangô do Corisco, Xangô da Pedreira, Xangô da Cachoeira, Xangô Kaô, Sete Pedreiras, Xangô do Machado, Pedra-Preta, Pedra-Branca,

Sete Cachoeiras, Sete Montanhas, Sete Estrelas, Sete Luas, Tupi, Treme Terra, Sultão das Matas, Rompe-Serra.

Na linha das mães temos: Iançã, Oxum, Yara, Indayá, Sereia do Mar, Jandira.

Na linha de Pretos Velhos: Pai Cipriano, Pai Joaquim, Pai Tomé, Pai Antônio, Pai Guiné, Pai Arruda, Pai Congo de Aruanda, Pai João, Pai João de Aruanda, Pai Benedito, Pai Batão, Mãe Maria, Mãe Maria Conga, Mãe Maria da Tesoura, Mãe Benedita, Tia Maria de Minas, Mãe Maria Redonda, Mãe Maria do Balaio.

Na linha das crianças temos: Cosme, Damião, Tupãzinho, Doum, Joãozinho (da praça, da mata), Luizinho, Carlinhos, Zezinho, Yariri, Yari, Mariazinha, Rosinha, Chiquinha, Aninha."

Exu

"Exu é uma entidade que trabalha para o Caboclo. Está mais próximo dos encarnados, por isso costumamos dizer que é uma entidade mais terrena, pois carrega vícios e executa serviços em troca de marafo (cachaça), charutos ou cigarros. Portanto, está em busca de luz e necessita ser doutrinada.

Na linha de Exu: Tranca-Rua Embaré (trabalha no Cruzeiro), Tranca-Rua das Almas (trabalha no cemitério), Bará da Rua, Tiriri, Veludo, Caveira, Tata Caveira, Calunga, Calunguinha, Sete Cruzeiro, Pomba-Gira Maria Padilha, Mulambo, Rosa Vermelha, das Almas, Sete Saias, Cigana das Almas.

As oferendas na Umbanda

"Para os Caboclos de *mata* em geral, as oferendas são frutas, vinho tinto suave, charuto, vela verde. Deve ser entregue na mata embaixo de uma árvore frondosa sem espinhos (coqueiro, figueira, frutífera).

Para os Caboclos da linha de *Ogum*, é o churrasco com sete ou três costelas, o miamiame (farinha de mandioca com azeite de dendê), charuto e cerveja, sete velas de três cores: vermelho, branco e verde. Ogum recebe sua oferenda em cruzeiro na mata ou embaixo de árvore (sem espinhos) na mata. Para Ogum Beira-Mar, Sete Ondas e Ogum Iara, se coloca uma tainha assada ao invés da carne de costela. Entrega-se na beira do mar ou do rio.

Para os Caboclos da linha de *Xangô*, se faz o amalá, gamela ou bandeja com frutas, charuto e cerveja preta, seis velas marrons. Oferece-se em cima de uma pedra na mata, em cachoeira ou em pedra na beira de rio.

Para Caboclas da linha de *Iançã*, costuma-se preparar uma bandeja com coração de batata-doce cozida e bem amassada, sete rodelas de batata-doce fritas, pipoca, rosa vermelha; sua bebida é a Malzebier e sua vela é branca e vermelha. Pode ser entregue na mata junto a uma taquareira.

Para as Caboclas das águas da linha de *Oxum e Iemanjá*, costuma-se oferecer flores, perfumes, mel, quindins, cocadas, merengues e guaraná nos rios e mares. Velas amarelas, azuis e brancas.

Para as *crianças* (Cosme e Damião), oferecem-se doces como balas e pirulitos, guaraná, mamadeiras, bicos, balões e brinquedinhos, vela de três cores: rosa, azul e branca. Cosme e Damião recebem seus agrados em praças e matas.

Para o *povo da rua*, oferece-se cachaça, charuto e vela branca ou vermelha e preta. As Pombas-Gira gostam de cidra, cigarro e rosa vermelha. Deve ser entregue em um cruzeiro em forma de T ou aberto."

Sobre cuidados com o meio ambiente

A Umbanda é proveniente da natureza, pois cada Caboclo tem em sua origem um elemento da natureza a ser cultuado; todas as chefes de terreira concordam com esse raciocínio.

E por isso sua consciência, estendida aos médiuns, frequentadores e simpatizantes, vem acompanhada de um rigor no momento de efetuar os trabalhos desenvolvidos com atitudes que o integram ainda mais à natureza, contribuindo para a preservação desse meio ambiente e consequentemente preservando também as 'moradas sagradas' de nossos Caboclos.

Esperanza Martínez (bióloga equatoriana em entrevista à *Revista IHU on-line*) nos diz que os índios reconhecem que a natureza está viva e se reconhecem como filhos da 'Mãe Terra'. E essa premissa se faz verdadeira, reforçando a importância dada à natureza pelos Caboclos e que vemos na prática da religião Umbanda.

Da preservação das florestas, cachoeiras, rios, mares, matas, enfim da natureza como um todo, depende a retirada das energias necessárias para os cruzamentos, os amacis, os rituais, que são essenciais para o desenvolvimento mediúnico da Umbanda.

A busca pela preservação dessas moradas sagradas passa pela obra de Mutti e Chaves (2016, p.55), que nos fala de formas de fazer oferendas:

> Numa visão ecológica, os médiuns poderão utilizar-se de folhas de plantas (como da bananeira) em lugar do papel, como base onde serão dispostos os elementos ofertados, ou cuias ou cascas de frutas no lugar de copos.

Essa perspectiva vem ao encontro com os fundamentos dos chefes de terreiras citados durante toda esta obra, estando presente no desenvolvimento de seus trabalhos, transmitindo a cada médium, frequentadores e simpatizantes das terreiras.

Regras a serem cumpridas por todos os médiuns de Umbanda

1. Cumprir devidamente os dias de sessão conforme calendário de cada terreira. Em necessidade de faltar, comunicar. Somos trabalhadores dentro de uma corrente, portanto somos parte de um todo energético. Materialmente, a falta de um médium implica sua substituição para a realização de determinadas tarefas. Espiritualmente, os protetores não faltarão ao compromisso, pois mesmo antes de os médiuns chegarem à terreira a corrente astral já está sendo formada, portanto mesmo que o aparelho não esteja presente, o guia estará e auxiliará nos trabalhos espirituais. Por isso, quando um médium não compare-

ce a uma sessão por motivos torpes, estará cometendo uma falta grave, pois seu guia estará lá esperando por ele para realizar os trabalhos.
2. Participar de todos os rituais de reforço dos médiuns da casa: mata, cachoeira, praia Mãe Oxum, praia Mãe Iemanjá, amassi realizado na terreira. É através dos trabalhos em cada reino da natureza e com o contato das ervas que adquirimos energia e força mental, física e espiritual para trabalharmos durante o ano, repartindo essa energia da natureza com aqueles que estão necessitados de uma palavra amiga, de saúde, de um pouco de coragem, de mais fé, de abertura para conseguir um ganha-pão (trabalho).
3. Realizar as limpezas e segurança feitas na casa, pois o médium trabalha com diversos tipos de energias, cargas que advêm de outros irmãos necessitados que procuram o Ilê; por isso é importante se descarregar conforme normas estabelecidas em cada casa. Um exemplo disso são as limpezas de fim de ano e as limpezas feitas com o povo de rua quando necessário.
4. Providenciar uniforme: senhoras de avental e senhores calça e jaleco (branco). Para sessão de Preto Velho, Exu e em homenagens, as senhoras devem vestir baiana (branca). A Umbanda tem como um de seus preceitos trabalhar de branco; assim como um médico, o médium, incorporado ou não, atende os irmãos que chegam até o terreiro com diversos tipos de enfermidades, em geral oriundas do espírito. Além disso, o branco uniformizará a corrente de médiuns,

pois perante Deus e os guias espirituais somos todos iguais, independente de raça, gênero, classe social ou nível intelectual, trabalhando humildemente em um exército pela caridade e pelo amor ao próximo.
5. Pano de cabeça (branco). Guias conforme orientação do cacique da casa.
6. Todos devem respeitar as solicitações, ordens e orientações do cacique da casa, bem como as normas estabelecidas pelo chefe espiritual. O horário de trabalho espiritual (sessões) deverá ser respeitado: das vinte horas e trinta minutos às vinte e duas horas e trinta minutos.
7. Os médiuns só poderão visitar outras casas juntamente com o chefe espiritual da sua casa de origem. Toda e qualquer dúvida sempre deverá ser sanada com o seu chefe espiritual."

Deveres mediúnicos:

1. Nos dias de sessão e rituais, procurar descansar e se abster de bebidas alcoólicas e sexo. Tomar banho de descarga antes dos trabalhos. Bem como evitar, no dia a dia, frequentar ambientes carregados, como hospitais, cemitério (salvo quando necessário), festas onde são usados bebidas alcoólicas, cigarros ou drogas.
2. Estar no seu lugar, na corrente, na hora marcada e de branco, conforme normas da casa (senhoras de avental e senhores de calça e jaleco). O mundo espiritual é pontual, os Caboclos e Pretos Velhos estão à espera

dos médiuns no horário determinado pelo guia chefe da casa.
3. No momento em que um médium entra na terreira, deverá cumprimentar na chegada os assentamentos de frente do Ilê, casa dos Exus (quando for somente Umbanda) e casa dos Exus e do Bará (quando o Ilê também cultuar o batuque).
4. Entrando na terreira, deverá em primeiro lugar ficar descalço, em respeito aos guias espirituais e em atitude de humildade; também podemos dizer que os calçados carregam além da sujeira material, as cargas absorvidas das ruas, praças, cruzeiros por onde passamos. Em seguida, bater sua cabeça no congá (quando for somente umbanda) e conga e peji (quando o Ilê também cultuar o batuque), em seguida posicionar-se em seu lugar na corrente (homens à direita do congá e mulheres à esquerda, os porteiras fechando os dois lados, de saída e entrada, para corrente, caciques à frente do congá) e a partir desse momento manter-se concentrado, buscando conectar-se ao seus guias espirituais e com os bons pensamentos até o início dos trabalhos:

Mantenha o pensamento firme na misericórdia de Deus, afastando sentimentos de ódio e vingança, pensar positivo, esforçando-se para vencer o desânimo, a vacilação e a falta de fé, confiar sempre em seus guias espirituais. Pensar sempre que é um soldado a serviço de Jesus, e como tal esforçar-se por cumprir a Lei do Mestre: perdão, renúncia, humildade, caridade e amor ao próximo. (colocar a referência)

5. Além disso, existem em cada localidade questões relativas ao tempo de duração de uma sessão de Umbanda; nos grandes centros urbanos os trabalhos nos dias úteis, ou seja, de segunda a sexta-feira, devem se iniciar entre vinte horas e vinte hora e trinta minutos e se encerrar no máximo às vinte e duas horas e trinta minutos."

Como proceder quando vamos ao cemitério

A primeira coisa que devemos fazer antes de adentrar o portão do cemitério é cumprimentar o dono do portão, ou seja, pedir licença para o senhor Ogum Megê das Almas. Ao entrar, saudar o Pai Xangô Aganju, que cuida do interior, e a Mãe Iançã, que trabalha com as cinzas no forno. Ao sair pede-se igualmente licença para sair ao Pai Ogum Megê das Almas. Ao chegar em casa, é bom lavar mãos e pés com água e cinza, e mieró de ervas (pode ser oro); estes de preferência devem ser deixados prontos, ficando do lado de fora da casa à espera, para que ao chegar as pessoas possam lavar-se antes de entrar na casa, evitando permitir a entrada de maus fluidos. E após entrar em casa, fazer um banho de descarga, principalmente se a pessoa é médium e trabalha em uma corrente.

O que é a Umbanda

A Umbanda é uma religião porque proporciona uma ligação com Deus e o mundo espiritual através dos Caboclos e Pretos Velhos. Possui doutrina baseada no espiritismo de Allan Kardek, ensinando a caridade e o amor ao próximo; revela que somos seres sujeitos à lei de reencarnação e às leis de causa e efeito. Nossos guias espirituais são espíritos adiantados, mas que também estão em constante evolução; têm origens e tempos existenciais diversos, portanto trazem sabedoria adquirida através de sua existência em diversas encarnações. A Umbanda é religião, porque tem culto, dogmas, que são próprios, embora conserve em seu conteúdo elementos advindos do africanismo e do catolicismo. Pois ao mesmo tempo que crê em Jesus, respeita e utiliza as forças da natureza através das ervas, dos rios e mares. A Umbanda é uma religião que une sabedoria, cultura, dogmas e doutrinas de diversas regiões do planeta e também do mundo espiritual. Em seu fundamento, a religião Umbanda não exclui ou impõe comportamentos, classe social, cor, opção sexual, gênero; sua única exigência é a caridade e a conduta moral e ética em prol da construção de um ser humano solidário e justo.

O batuque

O batuque é uma religião de fundamento e cultura africanos, porque é formado a partir de elementos das práticas religiosas realizadas na África e trazidas pelos escravos para o Brasil a partir do ano de mil quinhentos e trinta, quando se inicia a colonização. Dessa forma, conforme a região de onde vinham os africanos (há um predomínio de elementos culturais jêje-nagô), formaram-se os *lados* ou *nação* do batuque aqui no Rio Grande do Sul: Oió, Jexá, Jêjo (Jêje), Nagô, Cambina e Oiá e Moçambique (Norton F. Corrêa, p.53, 54, 55). Sendo assim, cada lado do batuque tem suas particularidades na forma de realizar o ritual (comida dos orixás, modo de tocar os atabaques), porém existem elementos que caracterizam o batuque; por exemplo, os orixás cultuados são os mesmos para qualquer lado: Bará, Ogum, Iançã, Xangô, Odé-Otim, Ossanha, Obá, Xapanã, Ibeji, Oxum, Iemanjá e Oxalá. Observa-se que há uma mudança de ordem dos orixás conforme a nação.

No batuque o iniciado só pode se ocupar (incorporar) o orixá "dono de sua cabeça"; não existe incorporação de passagens, como na Umbanda. O ritual é muito particular e sagrado, não se tratando de uma festa comum, mas, sim, de um encontro dos fiéis com seus orixás em um ambiente sagrado que deve ser respeitado. Além disso, existem lados que têm como fundamento não contar aos filhos de santo que se ocupam (entram em transe) com seus orixás. No batuque aqui no Rio Grande do Sul há uma convenção: as pessoas não sabem que se ocupam (incorporam), portanto não pode haver comentários sobre isso.

A feitura de um orixá implica necessariamente o sacrifício de animais como aves (galo, galinha de diversas cores, conforme cada orixá) e quadrúpedes (cabrito, ovelha, bode, carneiro, também dependendo do orixá) e são fixados em pedras (ocutá) ou estatuetas de madeira juntamente com as ferramentas (representam suas armas) de cada orixá. Outra característica fundamental do batuque é que durante o ritual são cantadas em língua jêje-nagô as rezas para os orixás e com o auxílio de instrumentos como atabaque (tambor), agê e em alguns lados a maraca e o agogô. No Jêje puro o atabaque é tocado com duas varetas chamadas de aguidavis. As rezas são tocadas e cantadas para todos os orixás e cada uma delas significa a energia e a parte da natureza de cada um.

No batuque do Rio Grande do Sul o orixá é uma força da natureza, ou seja, um Elemental. Portanto, um orixá não é um espírito; ele nunca viveu na terra encarnado, por isso é uma energia sagrada e pura que está acima de todos nós. No entanto, como nunca esteve encarnado, quando nasce (incorpora um filho pela primeira vez) necessita ser ensinado. Para entrar no batuque, em primeiro lugar, a pessoa tem que possuir um grau de mediunidade propenso ao batuque. Outro motivo pode ser problemas de saúde e outras necessidades. Mas, acima de tudo, a pessoa tem que gostar muito e querer aprender e se aprofundar nos conhecimentos referentes à religião batuque.

O preconceito com as religiões de origem africana

Estudos apontam que o preconceito existe porque o batuque é uma religião de matriz africana e como no Brasil ainda existe muito racismo, também há muito preconceito com a religião. Historicamente, os europeus sempre se acharam superiores e mais civilizados em relação à América e à África; ao colonizar o Brasil, os portugueses impuseram a religião cristã, pois os Jesuítas vieram com a missão de catequizar os índios, desconsiderando a cultura e a religião indígena e mais tarde também a africana; a partir daí incutiram na nossa cultura um sentimento racista que se propagou através das elites, representadas por grandes proprietários de terras e de escravos descendentes de portugueses na época do Brasil colonial (1530-1808).

Embora, hoje em dia, tenham ocorrido alguns avanços e tendo em vista que somos uma democracia com vários credos religiosos, os adeptos de umbanda, batuque, candomblé e suas variações ainda sofrem diversos ataques por conta de suas religiões em diversos Estados brasileiros. Em todo Brasil há registros de intolerância (conforme BBC Brasil, 21/01/2016), desde manifestações de forma sutil que ocorrem no dia a dia até a proibição do uso de guias (colares) em escolas (RJ), destruição de estátuas, invasão a templos, pichações em muros, agressões verbais, postagens na Internet e redes sociais. Todas essas formas de violência e intolerância caracterizam, conforme a Constituição brasileira, discriminação e crime.

De acordo com dados do Instituto Brasileiro de Geografia e Estatística (IBGE), o Rio Grande do Sul é um dos Estados brasileiros com maior diversidade religiosa do país. No Rio Grande do Sul quase não há dados sobre casos de intolerância aos adeptos da Umbanda ou do batuque, ou pelo menos os casos de agressão não são registrados.

Acredito que o melhor caminho para combater o preconceito e a intolerância às religiões de origem africana é a conscientização por parte de seus adeptos para cobrar a execução da legislação já existente, que qualifica o crime de intolerância religiosa, e a mobilização a fim de pressionar os governantes para implementar políticas públicas nacionais que punam de forma efetiva e adequada aqueles que cometem tal delito.

Considerações finais

Inicialmente nossos objetivos eram basicamente três: em primeiro lugar, homenagear estas três religiosas que há tantos anos vem se dedicando à Umbanda na cidade de Porto Alegre, Mãe Gessy do Cacique Peri, Mãe Eloí de Vovó Benedita e Andreia do Sagrado Coração de Jesus. Sem desfazer, é claro, de nenhum outro religioso de Umbanda, porque sabemos que existem muitas outras pessoas como chefes de terreiros, babalaorixás e ialorixás praticantes incansáveis na cidade de Porto Alegre e no Rio Grande do Sul. Mas as pessoas citadas nos são conhecidas ou fazem parte da nossa vida religiosa.

Em segundo lugar, acreditamos ser importante o registro das práticas Umbandistas aqui do Rio Grande do Sul. Sabemos que há particularidades no ritual de Umbanda conforme cada terreiro, mas os relatos dessas chefes de terreira demonstram claramente como ocorrem em cada terreiro os rituais, evidenciando o que é fundamento e que está presente nas casas de Umbanda em geral. Dessa forma, este trabalho pode trazer à tona mais uma possibilidade de interpretação da sociedade Umbandista, bem como, mais uma fonte de conhecimento da religião para Umbandistas e interessados no assunto.

Como terceiro objetivo, pretendeu-se trazer conhecimento sobre a religião Umbanda, a partir de um breve estudo bibliográfico, a fim de situar o leitor praticante da religião de Umbanda ou leigo sobre as origens históricas e litúrgicas dessa religião que se formou no início do século XX, inicialmente no Rio de Janeiro.

A partir do estudo bibliográfico e analisando as falas das Caciques de Umbanda, verificou-se que são comuns nos terreiros algumas práticas e regras que são o fundamento religioso, fazendo parte da tradição desse culto. Assim, podemos dizer que a religião Umbanda em Porto Alegre apresenta as seguintes características que estão presentes nos terreiros pesquisados:

1. A Umbanda é uma religião fundamentada por elementos da cultura indígena brasileira, da cultura africana e espírita, tendo ainda influência do catolicismo.
2. A Umbanda é religião porque possui culto, dogmas que são próprios, embora conserve em seu conteúdo elementos advindos do africanismo e do catolicismo.
3. A Umbanda é uma religião que une sabedoria, cultura, dogmas e doutrinas de diversas regiões do planeta e também do mundo espiritual.
4. Tem como referência o Caboclo das Sete Encruzilhadas como sendo o fundador da Umbanda, em mil novecentos e oito, quando ele se manifestou num jovem que tinha dezessete anos, o médium Zélio Fernandino de Moraes.

5. As linhas chaves da Umbanda são: Caboclos, Sereias, Pretos Velhos e Crianças.
6. Na Umbanda não existe sacrifício de animais.
7. A Umbanda não tem uma fórmula, um livro básico; ela tem preceitos, que são cinco postulados: trabalhar a mediunidade, ter as sessões para o atendimento da caridade, não cobrar, não sacrificar animais e evangelizar, segundo o Evangelho de Jesus.
8. A Umbanda é muito pontual para as comunidades; ela é quase como uma religião familiar, um clã; tem esse formato são pequenos núcleos e cada um faz o seu trabalho para acolher essas mediunidades, para dar esse entendimento da espiritualidade; não tem uma linha mestra que seja comum a todas.
9. Religião considerada universalista por seus adeptos, porque a Umbanda absorve todas as crenças. Católicos, evangélicos, bem como pessoas de várias outras crenças vão até o terreiro conhecer, doutrinar-se, fazer até curso, e depois seguir na sua Igreja Evangélica, Católica ou outra.
10. A Umbanda é a religião onde se conseguem unir todas as bandas, todas as nações, mesmo as nações africanas numa sessão de Umbanda, numa sessão de Caboclos ou de Preto Velho pode baixar até um Orixá. Porque a Umbanda é uma união de Umbanda? Por que na Umbanda tem o Caboclo, o povo da mata, o Preto Velho, os bugres, tem o povo do mar, as iaras e tem os hindus, também chamados povo do Oriente.

11. Os Umbandistas usam vestes brancas para trabalhar.
12. Podem utilizar o tambor nos rituais, ou não.
13. Utiliza elementos para compor o ritual, como: flores, frutas, perfume, doces, charutos, bebidas, velas e ervas.
14. Durante o ritual de uma sessão, é comum se defumar o ambiente e as pessoas que ali estão (médiuns e assistentes), fazer orações na abertura e no encerramento dos trabalhos.

Pai Marino (*in memoriam*): Fundador e Mestre Espiritual do Centro Espírita de Umbanda e Religião Afro-Brasileira Pai Ogum Beira-Mar, Caboclo Aimoré e Pai Xapanã
Crédito: Cristiane Leite Fotografias

Pai Ogum Beira Mar Cacique Espiritual do Centro Espirita de Umbanda e Religião Afro-Brasileira Pai Ogum Beira Mar, Pai Aimoré e Pai Xapanã
Crédito: Cristiane Leite Fotografias

GLOSSÁRIO

Alguidar: vasilha de argila ou cerâmica com diversas utilidades (pôr ervas, mierós, fitas, seguranças).

Amassi: composto de vinte e uma ervas sagradas amassadas, de onde se utiliza o caldo para lavar a cabeça dos iniciados na Umbanda.

Aruanda: local sagrado no mundo espiritual, onde estão as falanges de Umbanda.

Banho de descarga: composto de sete ervas sagradas amassadas, de onde se utiliza o caldo para tomar banho, do pescoço para baixo; serve para descarregar as energias negativas.

Cambona(o): médium que trabalha desincorporado, auxiliando os Caboclos e Pretos Velhos (acende charutos ou cachimbos, serve a marafa, faz anotações, defuma o terreiro).

Cavalo: médium que incorpora o Caboclo.

Congá: assentamento de Umbanda onde estão dispostos as imagens de Caboclos e os objetos sagrados.

Cumbuca: pote de argila, cerâmica ou plástico onde é colocada a segurança de cabeça dos iniciados.

Ecó: poção elaborada com água, dendê, mel e farinha de mandioca. Serve para segurança da casa de religião umbandista.

Feitura: processo de iniciação do médium, feito com a lavagem da cabeça com ervas sagradas, pelo guia do Cacique espiritual da terreira em que o médium está se iniciando.

Fundango: pólvora.

Gangan: olho grande, inveja.

Guia: colar composto por contas coloridas. Confeccionado com contas de missanga de cores correspondentes aos Caboclos. Serve como talismã; usa-se para segurança (afastar maus espíritos e maus fluidos, atraindo os bons). Também são chamados de guias os Caboclos nossos protetores.

Ilê: casa de batuque.

Limpeza de Exu: limpeza mística para descarregar os médiuns, utilizando elementos pertencentes à linha de Exu (cachaça, charutos, milho, pipoca, velas).

Limpeza de fim de ano: limpeza mística para descarregar os médiuns, utilizando elementos pertencentes ao batuque (milho, pipoca, batatas, vara de marmelo, vassoura de xapaná, velas).

Marafa: bebida oferecida aos Caboclos, Pretos Velhos e Exus.

Marola: significa o mesmo que dizer água.

Mieró: Preparado de ervas para banhos.

Ocutá: pedra onde é realizado o assentamento do orixá.

Oferenda: presente aos Caboclos (frutas, bebidas, doces, flores, charutos e velas).

Ôro: erva de Xangô (geralmente plantada na frente do terreiro).

Ponto de pólvora: queimar de três a sete montinhos de pólvora em volta de uma pessoa, para afastar as cargas e maus fluidos (trabalho atribuído a Xangô).

Terreiro: casa de Umbanda.

BIBLIOGRAFIA

Birman, Patrícia. **O que é Umbanda**. São Paulo: Ed. Brasiliense, 1985.

Debates do NER, Porto Alegre, Ano 9, n. 13 p. 9-23, jan/jun. 2008.

Centro Espírita Urubatan. **Hino da Umbanda**. Disponível em: http://www.centroespiritaurubatan.com.br/fundamentos/hino-da-umbanda.html. Acesso em: 11 jan. 2022.

Grossl, Jefferson L. **O Umbandista e o Respeito pela Natureza**. Disponível em: https://www.clickriomafra.com.br/umbanda/o-umbandista-e-o-respeito-pela-natureza. Acesso em: 4 out. 2020.

IBGE – INSTITUTO BRASILEIRO DE GEOGRAFIA E ESTATÍSTICA. **Censo 2010**. Amostra Religião. Rio de Janeiro: IBGE, 2010. Disponível em: https://cidades.ibge.gov.br/brasil/rs/porto-alegre/pesquisa/23/22107?tipo=ranking&indicador=22462 Acesso em: 03 jan. 2022.

Maciel, Sylvio Pereira. **Alquimia de Umbanda**. Rio de Janeiro: Ed. Aurora.

Mutti, Daísy, e Chaves, Lizete. **Ensinamentos Básicos de Umbanda**. Porto Alegre: Editora Besouro Box, 2016.

Oro, Ari Pedro. **As Religiões Afro-Brasileiras do Rio Grande do Sul.**

Oro, Ari Pedro. O atual campo afro-religioso gaúcho. **Civitas**, Porto Alegre, v. 12, n. 3, p.556-565, set.-dez. 2012.

Ortiz, Renato. **A Morte Branca do Feiticeiro Negro:** Umbanda e Sociedade, 1991.

Peixoto, Norberto. **Encantos de Umbanda:** Os fundamentos básicos do esoterismo umbandista, p.154, 2016. Porto Alegre: Edições BesouroBox Ltda.

Revista Umbanda: Uma Religião Brasileira. Maio/junho 1995, n. 7.

Revista Umbanda: Uma Religião Brasileira. Setembro/outubro 1995, n. 8.

Souza, Florisbela Maria de. **Umbanda para os Médiuns.** Rio de Janeiro: Ed. Espiritualista.

Sumak Kawsay. Nem melhor, nem bem: viver em plenitude. Entrevista especial com Esperanza Martínez 23/07/2010. **Revista IHU on-line** – Reportagem de Moisés Sbardelotto – última visualização 11/2020.

Teixeira, Antônio Alves. **O Livro dos Médiuns de Umbanda.** Rio de Janeiro: Ed. ECO. 1970.